Look, I Can Talk!

Student Book in Spanish
(Available in English, Spanish, French, German)

A Step-By-Step Approach To Communication
Through TPR Stories

BY

Blaine Ray

Executive Editor
James J. Asher, Ph.D.
Originator of the Total Physical Response,
known worldwide as TPR

Illustrated by Greg Rowe

Look, I Can Talk!
Student Book in Spanish

BY
Blaine Ray

Executive Editor
James J. Asher, Ph.D.
Originator of the Total Physical Response,
known worldwide as TPR

Illustrated by Greg Rowe

FIRST EDITION: ISBN 1-56018-459-0
SECOND EDITION: ISBN 1-56018-474-4

Published by
Sky Oaks Productions, Inc.
P.O. Box 1102 • Los Gatos, CA 95031-1102
Phone: (408) 395-7600 • **Fax:** (408) 395-8440 • **e-mail:** tprworld@aol.com

Free TPR Catalog upon request!
To order online, click on:
www.tpr-world.com

LISTA DE CUENTOS

CAPÍTULO UNO

EL CUENTO DEL GATO

VOCABULARIO

EL CUENTO DEL GATO
VOCABULARIO

1 EL MUCHACHO MALO   2 EL GATO   3 LA MUCHACHA

4 AGARRA   5 PEQUEÑO   6 GRANDE

7 ESCAPA   8 TIRA   9 LLORA   10 DA

11 LA MUCHACHA SE RÍE   12 LA MUCHACHA TRISTE

13 EL MUCHACHO FELIZ   14 SUELO, PISO   15 EL MUCHACHO BUENO

16 CORRE   17 VE

EL CUENTO DEL GATO

EL CUENTO DEL GATO

Hay una muchacha. Se llama Coqui. Ella tiene un gato grande.

Hay un muchacho. Se llama Pedro. Él es un muchacho malo. Él corre hacia la muchacha y agarra el gato y tira el gato al suelo. El gato escapa. La muchacha está triste. Ella llora y llora, pero Pedro se ríe.

Hay otra muchacha. Se llama Mónica. Mónica tiene un gato. Mónica ve que Coqui está llorando. Coqui está llorando porque ella ya no tiene un gato. Mónica va hacia Coqui y le da su gato. Ahora Coqui está muy contenta.

EJERCICIO 1
ESCRIBA CIERTO O FALSO A LA IZQUIERDA DEL NÚMERO.

_____ 1. La muchacha se llama Coqui.
_____ 2. La muchacha tiene un perro.
_____ 3. El gato tira el perro.
_____ 4. El muchacho se llama Pedro.
_____ 5. Pedro es un muchacho bueno.
_____ 6. Pedro escapa.

_____ 7. Pedro tira el gato.
_____ 8. La otra muchacha se llama Mónica.
_____ 9. Mónica llora.
_____ 10. Coqui le da el gato a Mónica.

EJERCICIO 2
COMPLETE LAS ORACIONES SIGUIENTES CON UNA PALABRA QUE HAGA LA ORACIÓN CIERTA.

1. El nombre de la muchacha es _____.
2. _____ tiene un gato.
3. Coqui tiene un gato _____.
4. Pedro es un _____ malo.
5. Pedro tira el gato al _____.

6. El _____ escapa.
7. Coqui _____ pero Pedro se ríe.
8. _____ es el nombre de la otra muchacha.
9. Mónica corre hacia Coqui y le da su _____.
10. Coqui está muy _____ porque tiene otro gato.

EJERCICIO 3
BUSQUE EL ORDEN CORRECTO DE ESTAS ORACIONES

_____ Coqui tiene un gato.

_____ El muchacho tira el gato al suelo.

_____ Pedro es un muchacho malo.

_____ Pedro coge el gato.

_____ Mónica tiene un gato.

_____ Mónica le da el gato a Coqui.

_____ El gato escapa.

_____ Coqui está feliz porque tiene otro gato.

EJERCICIO 4
CONTESTE LAS PREGUNTAS CON RESPUESTAS CORTAS. SI LA RESPUESTA NO ESTÁ EN EL CUENTO, INVÉNTELA.

1. ¿Cuál es el nombre de la muchacha?

2. ¿Por qué tiene la muchacha un gato?

3. ¿Cómo se llama el muchacho?

4. ¿Por qué es malo el muchacho?

5. ¿Quién tira el gato al piso?

6. ¿Quién escapa, el gato o el muchacho?

7. ¿Por qué está triste la muchacha?

8. ¿Por qué escapa el gato?

9. ¿Cómo se llama la otra muchacha?

10. ¿Qué le da Mónica a Coqui?

EJERCICIO 5
ESCRIBA EL CUENTO EN SUS PROPIAS PALABRAS.

_____

_____

_____

_____

_____

_____

_____

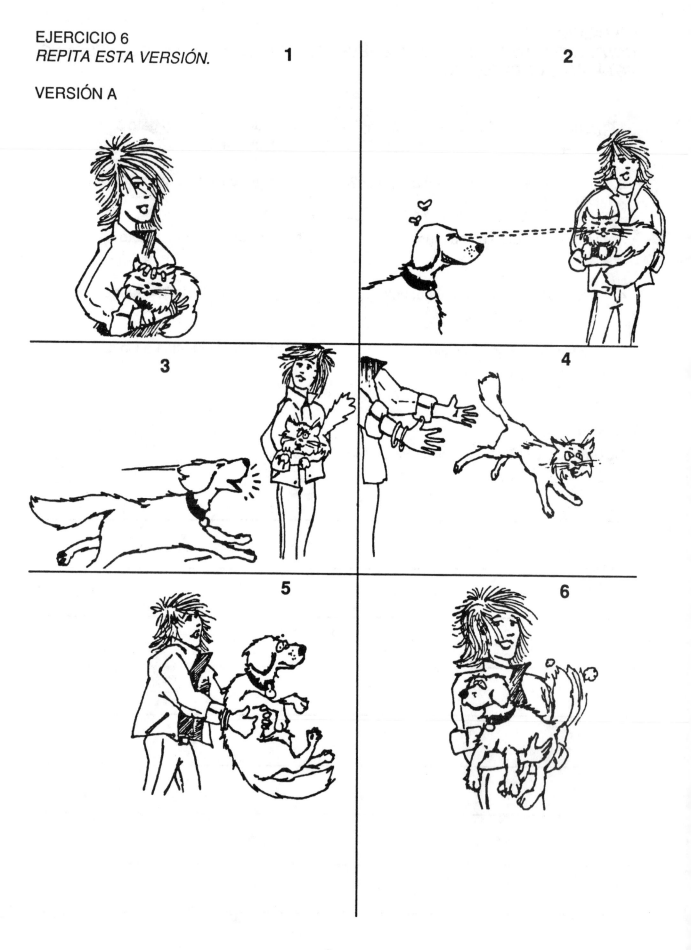

EJERCICIO 8
INVENTE OTRO CUENTO Y ESCRÍBALO.

_____

_____

_____

_____

_____

_____

_____

EJERCICIO 9
REPITAN LOS SIGUIENTES CUENTOS.

1. El gato se sube a un barco y va a Hong Kong.

2. Dos muchachas tienen un gato. El gato escapa. Un muchacho agarra el gato y le da el gato a otra muchacha.

3. Dos muchachos agarran un gato. Ellos tiran el gato. El gato corre hacia una niña. La niña agarra el gato. Ella está muy contenta.

4. La muchacha ve el gato, coge el gato y tira el gato.

5. El gato corre hacia el muchacho. El muchacho coge el gato. Los dos escapan.

6. El muchacho ve dos gatos. El coge un gato. El otro gato escapa. El muchacho corre hacia una muchacha y le da el gato a la muchacha.

7. Mónica está triste. Ella no tiene un gato. Un gato corre hacia Mónica. Mónica lo coge. Ella está feliz.

8. Coqui está sentada en el piso. Hay dos gatos encima de Coqui. Un gato es grande y el otro gato es pequeño. El gato pequeño escapa.

9. Coqui es una muchacha buena. Mónica es una muchacha mala. Mónica coge el gato de Coqui. Coqui llora.

10. Un niño tiene un gato. El está muy contento. El gato escapa. El niño está triste.

CAPÍTULO DOS

LA VACA Y EL MONO

VOCABULARIO

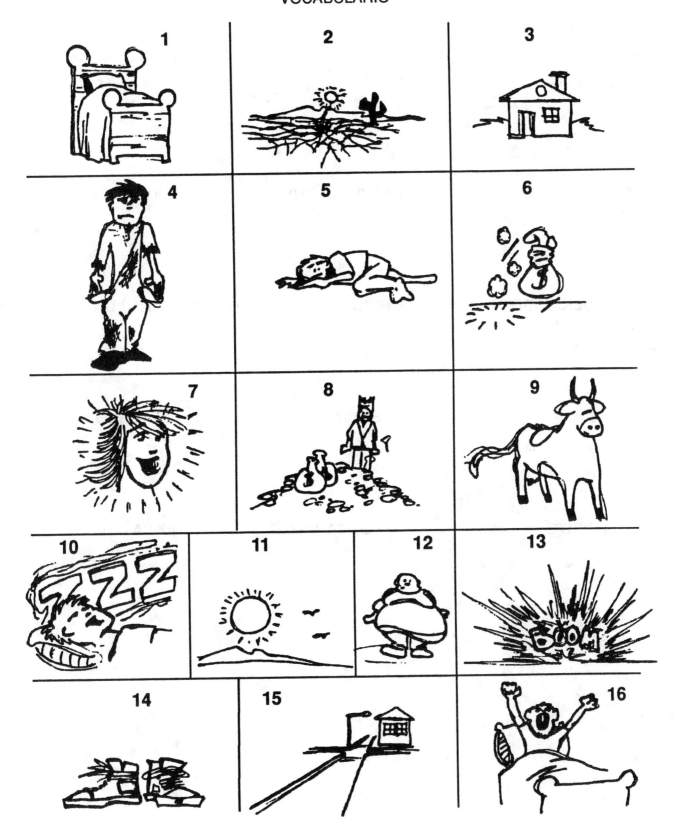

LA VACA Y EL MONO

VOCABULARIO

1 LA CAMA

2 SECO

3 LA CASA

4 POBRE

5 EL MONO DUERME

6 TIENE DINERO

7 EMOCIONADO

8 RICO

9 LA VACA

10 RONCA

11 EL DÍA

12 GORDO

13 FUERTE

14 LOS ZAPATOS

15 LA CALLE

16 SE DESPIERTA

LA VACA Y EL MONO

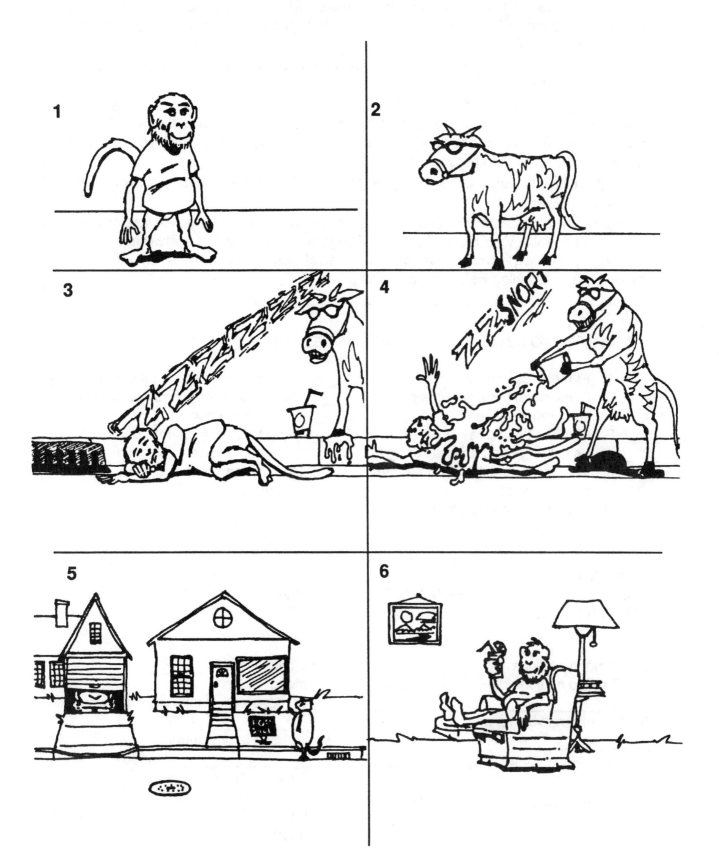

LA VACA Y EL MONO

Hay un mono que es muy diferente. Hay una vaca. Él es un poco gordo. Él es alto, y no tiene zapatos. Él no tiene zapatos porque es muy pobre. Tampoco tiene una casa. Él duerme en la calle.

Ella tiene una casa. Ella duerme en una cama. Es rica porque tiene una casa. Es una vaca muy feliz.

Un día, el mono está durmiendo en la calle. Él está roncando. La vaca está caminando en la calle. Ella ve y escucha al mono roncando. El mono está roncando muy fuerte. La vaca coge un vaso de agua y le tira el agua al mono. El mono se despierta. El mono está muy enojado porque está mojado. La vaca está seca.

Él le dice a la vaca, —Soy un mono muy pobre. Duermo en la calle porque no tengo una casa.

La vaca le busca una casa al mono. La vaca encuentra una casa. La vaca está muy emocionada y feliz. Va al mono y le dice, —Tengo una casa para tí-. La vaca coge la mano del mono y lo lleva a la casa. La vaca le da la casa al mono. El mono está contento. Ahora no duerme en la calle. Es un mono normal.

EJERCICIO 1
ESCRIBA CIERTO O FALSO A LA IZQUIERDA DEL NÚMERO.

_____ 1. El mono es pobre.

_____ 2. El mono no tiene zapatos porque tiene mucho dinero.

_____ 3. El mono tiene una casa.

_____ 4. La vaca duerme en una cama.

_____ 5. El mono está durmiendo en una cama en la calle.

_____ 6. El mono ronca muy fuerte.

_____ 7. La vaca le tira agua al mono.

_____ 8. El mono está enojado porque está mojado.

_____ 9. El mono encuentra una casa para la vaca.

_____ 10. El mono está feliz porque por fin tiene una casa.

EJERCICIO 2
COMPLETE LAS SIGUIENTES ORACIONES CON UNA PALABRA QUE HAGA LA ORACIÓN CIERTA.

1. El mono no tiene _____ .

2. El mono no tiene dinero y duerme en la _____ .

3. El mono no vive en una _____ .

4. La vaca tiene una _____ .

5. El mono _____ muy fuerte.

6. La vaca le tira _____ al mono.

7. El mono está enojado porque está _____ .

8. La vaca le busca una _____ al mono.

9. La vaca lleva al _____ a su casa nueva.

10. La vaca _____ la casa al mono.

EJERCICIO 3
CONTESTE LAS PREGUNTAS CON RESPUESTAS CORTAS. SI LA RESPUESTA NO ESTÁ EN EL CUENTO, INVÉNTELA.

1. ¿Por qué no tiene el mono una casa?

2. ¿Dónde duerme el mono?

3. ¿Por qué duerme el mono en la calle?

4. ¿Por qué es rica la vaca?

5. ¿Por qué le tira agua la vaca al mono?

6. ¿Por qué está enojado el mono?

7. ¿Por qué se despierta el mono?

8. ¿Por qué duerme la vaca en una cama?

9. ¿Por qué está emocionada y contenta la vaca?

10. ¿Por qué tiene el mono una casa?

EJERCICIO 4
BUSQUE EL ORDEN CORRECTO DE ESTAS ORACIONES.

_____ La vaca le tira agua al mono.
_____ Hay un mono.
_____ El mono ronca fuerte.

_____ El mono está contento porque tiene una casa.
_____ Hay una vaca.
_____ La vaca busca una casa al mono.

EJERCICIO 5
ESCRIBA EL CUENTO EN SUS PROPIAS PALABRAS.

_____

_____

_____

_____

_____

_____

VERSIÓN_B

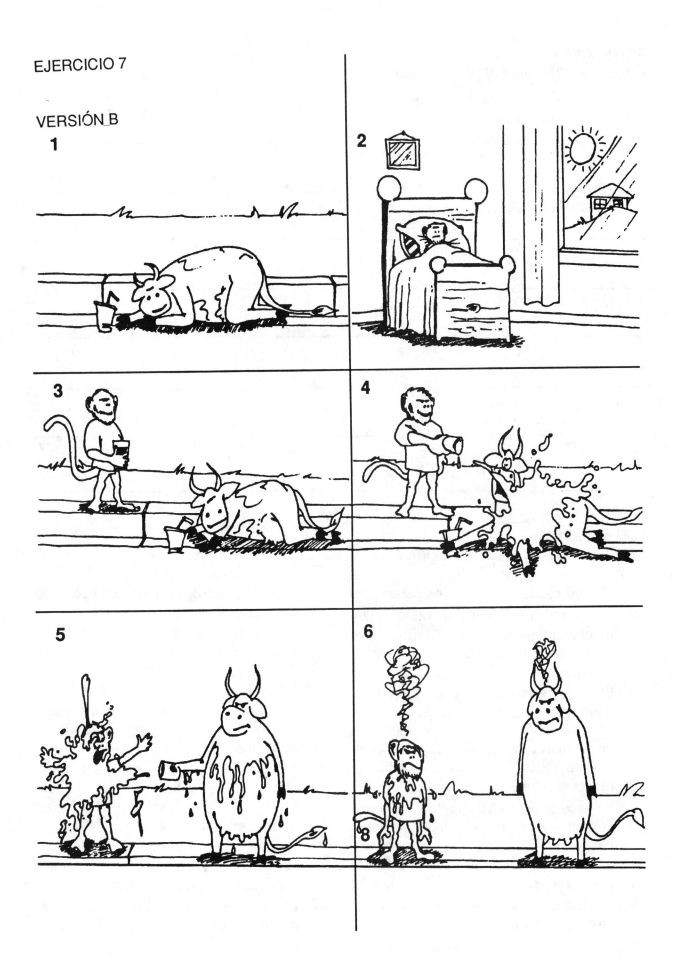

EJERCICIO 8
INVENTE OTRO CUENTO Y ESCRÍBALO.

_____

_____

_____

_____

_____

_____

EJERCICIO 9
REPITAN LOS SIGUIENTES CUENTOS.

1. El mono es rico y la vaca es pobre.

2. Un gato duerme en la calle. Un muchacho le tira agua al gato. El gato se despierta y escapa. El muchacho va a su casa.

3. El mono tiene una casa. Está durmiendo en una cama. La vaca va a la casa del mono. La vaca grita. El mono se despierta y va a la casa del mono. La vaca le grita. El mono se despierta. El mono está enojado.

4. La vaca tiene cuatro zapatos. La vaca ve al mono en la calle. El mono no tiene zapatos. Le da al mono dos zapatos. El mono tiene dos zapatos y la vaca tiene dos zapatos.

5. La vaca ve al mono en la calle. El mono se despierta y va a la casa de la vaca. El mono duerme en la casa de la vaca y no duerme en la calle.

6. La vaca le tira agua al mono. El mono le tira agua a la vaca. Están mojados. Buscan una casa al mono. Ven una casa. El mono duerme en la casa.

7. Dos gatos están durmiendo en la calle. Los gatos están tristes porque no tienen una casa.

8. La vaca es una vaca mala y se ríe del mono. El mono llora y huye. El está triste. Él va a California. Él duerme en la calle en California.

9. El niño no tiene una cama. Él duerme en el piso. El busca una cama. Encuentra una cama. Duerme en la cama.

10. La vaca le da mucho dinero al mono y el mono compra su propia casa.

CAPÍTULO TRES

EL LIBRO PERDIDO

VOCABULARIO

1

2

3

4

5

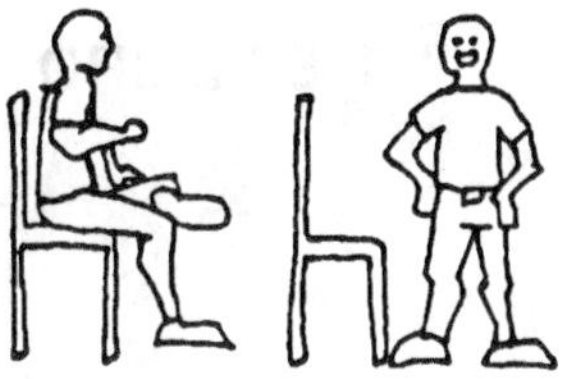

6

7

8

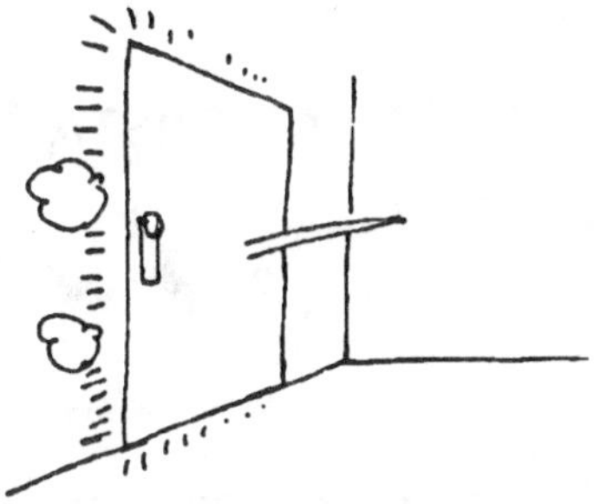

9

10

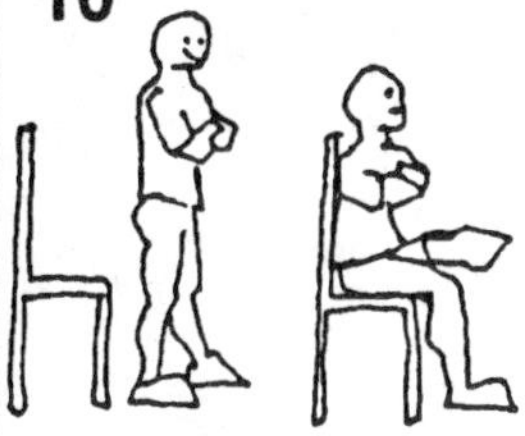

11

12

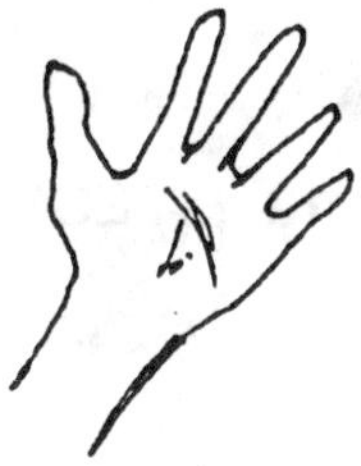

13

EL LIBRO PERDIDO

VOCABULARIO

1 LA MESA

2 LA LUZ

3 RECOGE

4 ABRE

5 SE LEVANTA

6 MAMÁ

7 LA REVISTA

8 CERRADO, EL RINCÓN

9 EL LIBRO

10 SE SIENTA

11 LA VENTANA

12 LA MANO

13 LA ESCUELA

EL LIBRO PERDIDO

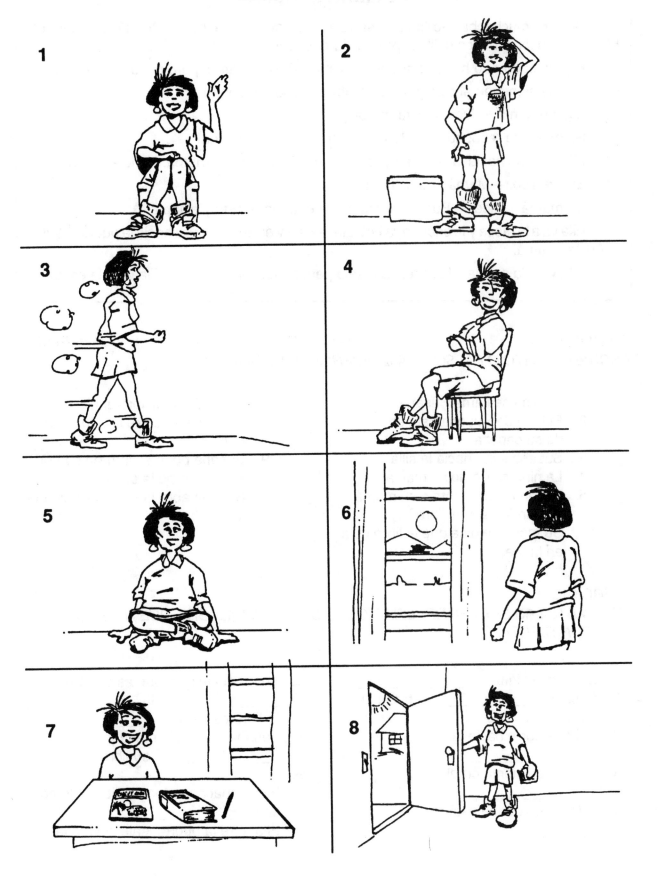

EL LIBRO PERDIDO

Hay una muchacha. Se llama Susana. Ella se levanta y le dice, -¿Dónde está mi libro? Ella va al rincón y busca el libro, pero no lo encuentra.

Ella va corriendo hacia la silla y se sienta. Busca el libro, pero no lo encuentra.

Ella se sienta en el piso y busca el libro. No lo encuentra.

Ella pregunta, -¿Dónde está mi libro?

Su mamá le responde, —¡Búscalo enfrente de la ventana!

Ella camina hacia la ventana y lo busca enfrente de la ventana. No lo encuentra.

Ella le dice, —Mamá, no está aquí.

Su mamá le dice, —Búscalo en la mesa entre la revista y el lápiz.

Ella va a la mesa y lo encuentra entre la revista y el lápiz. Ella va hacia la puerta y grita, —Adiós, mamá.

Ella va a la puerta y la abre. Ella sale pero no cierra la puerta. Ella va a la escuela.

EJERCICIO 1
ESCRIBA CIERTO O FALSO A LA IZQUIERDA DEL NÚMERO.

_____ 1. La niña se llama Susana.

_____ 2. El libro de Susana está encima de su cabeza.

_____ 3. Susana salta hacia la silla.

_____ 4. La niña se ríe de su mamá.

_____ 5. Susana le pregunta a su mamá, –¿Dónde está mi libro?

_____ 6. Su mamá le dice que el libro está en la mesa.

_____ 7. Susana tira el libro al piso.

_____ 8. El libro está entre una luz y una revista.

_____ 9. Susana pone el libro en su hombro y sale de la casa.

_____ 10. Susana abre la puerta y sale por la puerta.

EJERCICIO 2
COMPLETE LAS SIGUIENTES ORACIONES CON UNA PALABRA QUE HAGA LA ORACIÓN CIERTA.

1. La niña se llama _____.

2. Susana _____ hacia la pared.

3. Susana corre hacia la _____.

4. La niña se sienta en el _____.

5. —Mamá, ¿dónde está mi _____?

6. Su mamá le dice que está entre el _____ y la _____.

7. El libro está en la _____.

8. Susana corre a la mesa y _____ su libro.

9. La muchacha recoge el libro y lo pone en su _____

10. Ella abre la puerta, sale, y va a la _____.

EJERCICIO 3
CONTESTE LAS PREGUNTAS CON RESPUESTAS CORTAS. SI LA RESPUESTA NO ESTÁ EN EL CUENTO, INVÉNTELA.

1. ¿Cómo se llama la niña?

2. ¿Qué busca la niña?

3. ¿Por qué está buscando el libro?

4. ¿Por qué pregunta a su mamá dónde está el libro?

5. ¿Por qué no busca la mamá el libro?

6. ¿Por qué se sienta en el suelo?

7. ¿Quién le dice a Susana que el libro está en la mesa?

8. ¿Dónde encuentra la niña el libro?

9. ¿Por qué busca el libro en la mesa?

10. ¿Por qué va Susana a la escuela?

EJERCICIO 4
BUSQUE EL ORDEN CORRECTO DE ESTAS ORACIONES.

____ El libro está en la mesa al lado de la revista.
____ Susana sale y va a la escuela.
____ Ella no ve el libro en el suelo.

____ La niña se llama Susana.
____ Ella no tiene su libro.
____ Ella camina hacia la ventana.
____ Susana va al rincón.
____ Ella se sienta en la silla.

EJERCICIO 5
ESCRIBA EL CUENTO EN SUS PROPIAS PALABRAS.

_____

_____

_____

_____

_____

_____

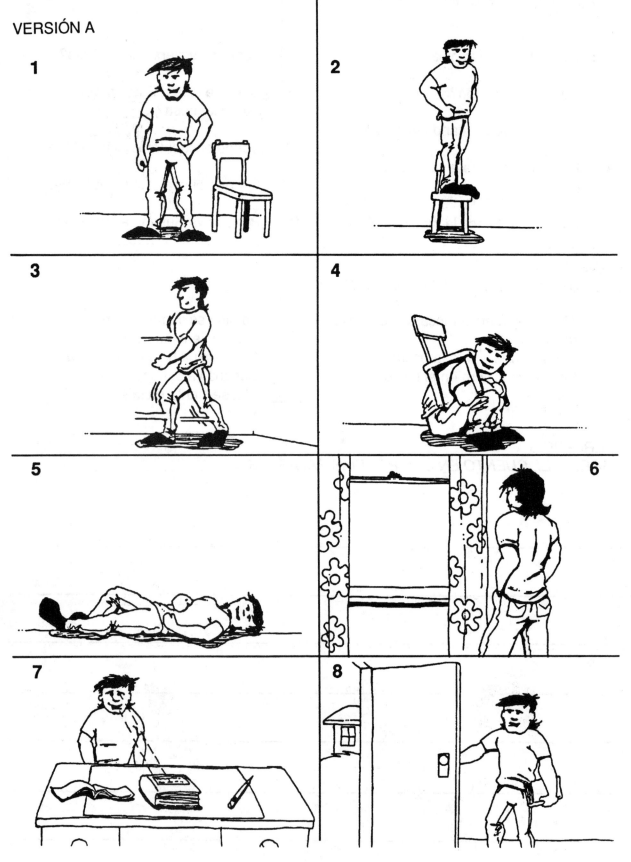

EJERCICIO 8
INVENTE OTRO CUENTO Y ESCRÍBALO.

_____

_____

_____

_____

_____

_____

EJERCICIO 9
REPITAN LOS SIGUIENTES CUENTOS.

1. Yo soy un muchacho y me llamo Eduardo. Vivo en la casa de la familia de Susana. Yo encuentro el libro perdido.

2. Susana encuentra el libro en el piso. Ella pone el libro en el piso y va a la escuela. Ella no tiene el libro cuando está en la escuela. Regresa a casa y recoge el libro. Regresa a la escuela con el libro.

3. Susana va hacia su mamá y le pregunta donde está su libro. Su mamá tiene el libro y le da el libro. Ella pone el libro en el suelo y se sienta en el libro.

4. Susana está en la escuela. No tiene su libro. Ella busca su libro. Encuentra el libro en su silla. Recoge el libro y lo abre. Está feliz porque tiene su libro.

5. Una niña y yo estamos caminando en la calle. Vemos un libro y lo recogemos. Vamos a la escuela.

6. Su mamá busca el libro enfrente de la ventana y en el piso. Ella lo encuentra en el suelo y lo pone en la mesa. Susana va a la mesa y recoge el libro.

7. Hay tres libros: uno cerca de la ventana, otro en el suelo, y otro debajo de la mesa. Susana sólo encuentra un libro en el suelo y otro libro enfrente de la ventana. No encuentra ningún libro debajo de la mesa. Va a la casa de una amiga con dos libros en su mano.

8. Mi mamá pone el libro cerca de la mesa. Ella me le dice, —Busca el libro en la mesa-. Encuentro el libro en la mesa y le digo, —Mamá, el libro está encima de la mesa-. Recojo el libro y salgo de la casa.

9. La niña busca el libro pero no lo encuentra. Ella va a la escuela sin el libro. Un gato está durmiendo en la escuela. Ella ve al gato. El gato está durmiendo encima del libro. Ella agarra el libro. El gato se despierta y huye.

10. Encontramos el libro en la silla, pero es un libro diferente. Encontramos otro libro en el suelo pero no es el libro que buscamos. Encontramos otro libro en la mesa. Es el libro que buscamos. Cogemos el libro y vamos a la escuela.

CAPÍTULO CUATRO

LA TIENDA DE ROPA

VOCABULARIO

LA TIENDA DE ROPA

VOCABULARIO

1 HERMOSO

2 COMPRA

3 LA ROPA

4 ENTRA

5 SECCIÓN

6 LA FALDA

7 LOS CALCETINES

8 EL TRAJE

9 LA CAMISA

10 LA BLUSA

11 EL VESTIDO

12 LOS PANTALONES

13 LA CUENTA

14 EL DEPENDIENTE

15 SE PRUEBA

16 AYUDA

17 LA TIENDA

18 QUIERE

LA TIENDA DE ROPA

LA TIENDA DE ROPA

Paco y Paula andan por la calle. Miran para abajo y encuentran un montón de dinero. Se dicen, —Fantástico, vamos a una tienda de ropa.

Ellos van a una tienda de ropa.

Paco va a la sección de la tienda que tiene ropa de muchachos. Él ve unos pantalones. Se prueba los pantalones. Quiere llevarlos.

Él se prueba una camisa y unos calcetines. Él se prueba un traje. Le dice al dependiente, —Me voy a llevar el traje, la camisa, y los calcetines.

Después, va al departamento de los zapatos. Él se pone unos zapatos y le dice, —Quiero comprar estos zapatos.

Paula va al departamento de ropa para muchachas. Un dependiente allí la ayuda. Ella se prueba un vestido hermoso. Le dice, —Quiero llevar este vestido.

Ella se pone una blusa, una falda, y unos pantalones. Le dice al dependiente que quiere llevar la blusa, la falda y los pantalones. Ellos reciben la cuenta del dependiente de la ropa. La ropa cuesta $295 en total. Le dan el montón de dinero. El dependiente cuenta el dinero. Sólo tienen $100. Paula le dice, —Vamos a regresar pronto. Vamos a encontrar $200 más en la calle.

EJERCICIO 1
ESCRIBA CIERTO O FALSO A LA IZQUIERDA DEL NÚMERO.

_____ 1. Paco es una muchacha y Paula es un muchacho.

_____ 2. Encuentran diez dólares en la calle.

_____ 3. Van a un restaurante y compran comida.

_____ 4. Van a una tienda de ropa para comprar ropa.

_____ 5. Paco quiere comprar zapatos.

_____ 6. Paula quiere comprar un vestido.

_____ 7. Paula va al departamento de ropa para muchachos.

_____ 8. Paco se pone un traje pero no quiere comprarlo.

_____ 9. La ropa cuesta $295 en total.

_____ 10. Ellos no tienen suficiente dinero para comprar toda la ropa.

EJERCICIO 2
COMPLETE LAS SIGUIENTES ORACIONES CON UNA PALABRA QUE HAGA LA ORACIÓN CIERTA.

1. Paco y Paula están caminando por una _____.

2. Encuentran un montón de _____ en la calle.

3. Van a una tienda de _____.

4. Paco se prueba unos _____.

5. Paco le dice al _____ que quiere llevar los zapatos.

6. Paula se prueba un vestido _____.

7. Ella también se pone unos _____.

8. Toda la ropa _____ $295.

9. Ellos sólo _____ $100.

10. Ellos van a regresar cuando encuentren más _____.

EJERCICIO 3
CONTESTE LAS PREGUNTAS CON RESPUESTAS CORTAS. SI LA RESPUESTA NO
ESTÁ EN EL CUENTO, INVÉNTELA.

1. ¿Por dónde andan Paco y Paula?

2. ¿Cómo encuentran los $100?

3. ¿Por qué van a una tienda de ropa?

4. ¿Por qué se ponen la ropa?

5. ¿Quién se prueba un traje?

6. ¿Quién va al departamento de ropa para muchachas?

7. ¿Quién se pone un vestido?

8. ¿Por qué se pone Paula la blusa?

9. ¿Por qué no compran la ropa?

10. ¿Adónde van a encontrar el resto del dinero?

EJERCICIO 4
BUSQUE EL ORDEN CORRECTO DE ESTAS ORACIONES.

_____ Paula quiere comprar un vestido, una blusa y unos pantalones.
_____ Paco y Paula encuentran $100.
_____ Paula y Paco están caminando por una calle.
_____ La ropa cuesta $295.

_____ Paco quiere comprar dos trajes, unos zapatos y unos calcetines.
_____ Van a una tienda de ropa.
_____ Paco y Paula buscan más dinero.
_____ Sólo tienen $100.

EJERCICIO 5
ESCRIBA EL CUENTO EN SUS PROPIAS PALABRAS.

_____

_____

_____

_____

_____

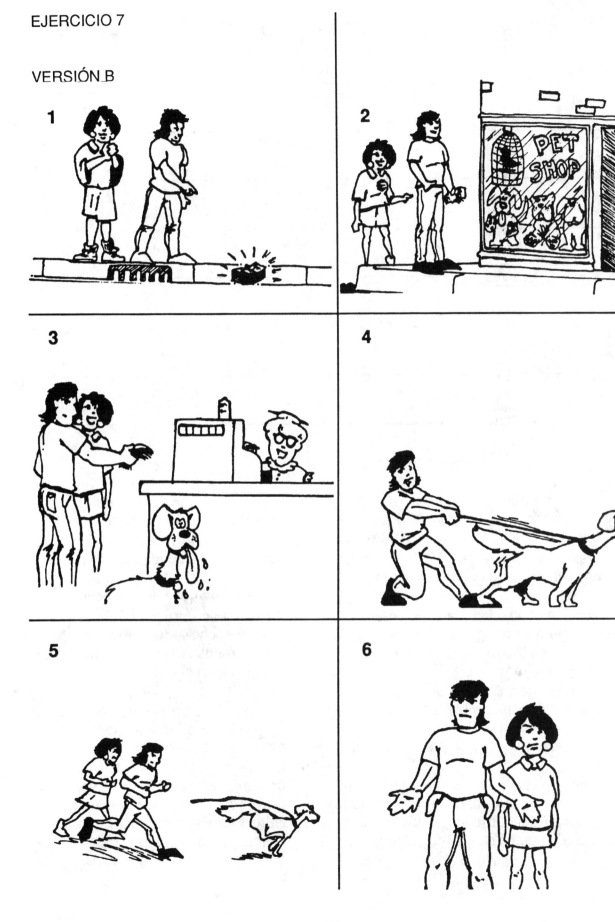

EJERCICIO 8
INVENTE OTRO CUENTO Y ESCRÍBALO.

_____

_____

_____

_____

_____

_____

_____

EJERCICIO 9
REPITAN LOS SIGUIENTES CUENTOS.

1. Paco y Paula encuentran $1000 y compran ropa. Ahora tienen $500 y van a México. Compran más ropa en México.

2. Salimos y encontramos $200. Vamos a una tienda de ropa y compramos mucha ropa.

3. Voy a la tienda de ropa y me pruebo la ropa pero no me gusta. No compro la ropa. Voy a otra tienda y compro una computadora.

4. Yo encuentro $100 y salgo a comer. Gasto $50 en la comida. Le doy el resto del dinero a un hombre en la calle. El va a un restaurante y compra una comida buena.

5. Paula le da el dinero a Paco y Paco se compra mucha ropa. No le compra nada a ella. Paula no compra nada y está enojada porque no hay más dinero.

6. Vamos a Pizza Hut y compramos diez pizzas. Comemos cinco de las pizzas y les damos cinco de las pizzas a otras personas en el restaurante.

7. Paco y Paula van a San Francisco. Entran en una tienda de ropa. La ropa cuesta mucho. No compran la ropa. Van a un parque. Es hermoso.

8. Tú compras un coche y vas a Nueva York. El coche se descompone en Nueva York. Vendes el coche y tomas el tren para volver a tu casa.

9. Paco y Paula encuentran mucho dinero. Compran una tienda de ropa. Venden mucha ropa. Compran más tiendas de ropa. Se hacen ricos.

10. Cuando caminan hacia la tienda de ropa, un ladrón les roba todo su dinero. Llaman a la policía. La policía no encuentra a los ladrones. Paco y Paula buscan a los ladrones. Los ven en el parque. Ellos gritan. La policía va y captura a los ladrones.

CAPÍTULO CINCO

EL BOLETO DE LA LOTERÍA

VOCABULARIO

EL BOLETO DE LA LOTERÍA

VOCABULARIO

1 LA CAMA

2 LAS JOYAS

3 LA NOCHE

4 LEE

5 PIENSA

6 PAGA

7 LOS BILLETES

8 LOS PADRES

9 EL BOLETO

10 EL CARRO

11 LOS NÚMEROS

12 PONE

13 MIRA LA TELEVISIÓN

EL BOLETO DE LA LOTERÍA

EL BOLETO DE LA LOTERÍA

Un muchacho llamado Mario encuentra un boleto de la lotería.

Él tiene doce años. Mira los números en el boleto y los lee. Los números son 12—15—18—24—33—41. Él mira la televisión en la noche. Él ve los números de la lotería. Son 12—15—18—24—33—41. Él gana un millón de dólares.

Hay un problema. Él piensa que sus padres van a quitarle el dinero a él. Él recibe el dinero y lo pone debajo de su cama.

El próximo día, él gasta mucho dinero. Compra carros, joyas, y casas. Se lo da todo a sus amigos. Por fin, le queda sólo cien dólares. Lleva el dinero a su madre y le dice, - ¡Mira, mamá! Gané cien dolares en la lotería. Su madre está bien contenta y le dice, — Ese dinero es tuyo. Lo puedes gastar como tú quieras.

EJERCICIO 1
ESCRIBA CIERTO O FALSO A LA IZQUIERDA DEL NÚMERO.

_____ 1. El muchacho se llama Rafael.

_____ 2. Compra un boleto de la lotería.

_____ 3. El muchacho mira la televisión en la noche.

_____ 4. Él gana $100.

_____ 5. Él piensa que sus padres le van a dar más dinero.

_____ 6. Él pone el dinero debajo de la cama.

_____ 7. Él compra casas, joyas, y carros.

_____ 8. Él se lo da todo a sus padres.

_____ 9. Él le dice a su mamá que ganó un millón de dólares.

_____ 10. Su madre le dice que él puede gastar el dinero como quiera.

EJERCICIO 2
COMPLETE LAS SIGUIENTES ORACIONES CON UNA PALABRA QUE HAGA LA ORACIÓN CIERTA.

1. Mario encuentra un boleto de la _____.

2. Él mira los números y los _____.

3. Él sabe que gana el dinero cuando mira la _____ en la noche.

4. Él _____ un millón de dólares.

5. Él piensa que sus padres le van a _____ el dinero.

6. Mario pone el dinero debajo de su _____ .

7. Él compra carros, joyas, y _____ .

8. Él se lo _____ todo a sus amigos.

9. Cuando va a su mamá sólo tiene _____ dólares.

10. Su madre le dice que puede gastar el _____ como quiera.

EJERCICIO 3
BUSQUE EL ORDEN CORRECTO DE ESTAS ORACIONES.

_____ Mario habla con su mamá.

_____ Él mira la televisión.

_____ Los números son 12—15—18—24—33—41.

_____ El muchacho gana $1.000.000.

_____ Mario sólo tiene $100.

_____ Él encuentra un boleto de la lotería.

_____ Él se lo da todo a sus amigos.

_____ Él compra carros, joyas, y casas.

EJERCICIO 4
CONTESTE LAS PREGUNTAS CON RESPUESTAS CORTAS. SI LA RESPUESTA NO ESTÁ EN EL CUENTO, INVÉNTELA.

1. ¿Quién encuentra un boleto de la lotería?

2. ¿Por qué no compra un boleto de la lotería?

3. ¿Por qué mira Mario la televisión por la noche?

4. ¿Por qué pone el dinero debajo de su cama?

5. ¿Por qué gasta todo su dinero?

6. ¿Qué hace con el dinero?

7. ¿Por qué compra carros, casas, y joyas?

8. ¿Por qué le habla a su mamá acerca de los $100?

9. ¿Por qué no le quita el dinero su mamá?

10. ¿Qué va a hacer Mario la próxima vez que gane un millón de dólares?

EJERCICIO 5
ESCRIBA EL CUENTO EN SUS PROPIAS PALABRAS.

_____

_____

_____

_____

_____

_____

_____

EJERCICIO 6
REPITA ESTA VERSIÓN.

VERSIÓN A

VERSIÓN B

1

2

3

4

5

6

7

8

INVENTE OTRO CUENTO Y ESCRÍBALO.

_____

_____

_____

_____

_____

_____

EJERCICIO 9
REPITAN LOS SIGUIENTES CUENTOS.

1. Mario le habla a su mamá acerca del dinero y ella le quita el dinero. Ella sale de los Estados Unidos y va a México. Ella nunca regresa a los Estados Unidos.

2. Mario gana $1.000 en la lotería. Compra un coche. Él va a una casa de su amigo. Van a la tienda.

3. Él da el dinero a sus padres y ellos le compran una casa nueva y un carro nuevo. Ponen mucho dinero en el banco. Van a España y Francia. Viven allí por dos años.

4. Recibo el dinero y voy a Las Vegas. Pierdo todo mi dinero. Vuelvo a pie a casa.

5. Tú vas a Europa, Asia, y África con el dinero. Los padres van contigo. Compran un hotel en África. Viven en el hotel por diez años.

6. La mamá de Mario y Mario gasta todo el dinero, y no le dice nada a su padre. Compra muchos carros y casas. El padre llega a la casa. Él está muy enojado cuando sabe que gastaron todo el dinero.

7. La mamá de Mario le pregunta por que tiene tanto dinero. Él le dice que tiene un amigo rico quien le dio un millón de dólares. Ella le dice que puede quedarse con el dinero con tal de que le dé $1.000 a ella.

8. Compramos un coche y cuando vamos a la casa, chocamos. No tengo licencia para manejar porque sólo tengo doce años. Mi mamá me le dice que no puedo manejar por seis años.

9. Él ve a una persona que le dice que perdió un boleto de la lotería. Mario le da el boleto al hombre. Mario mira la televisión por la noche y ve que el hombre ganó un millón de dólares. Él llama al hombre. El hombre comparte la mitad del dinero con él.

10. Tú no puedes obtener el dinero porque eres demasiado joven. Tus padres consiguen el dinero. Tú recibes solamente $1.000.

CAPÍTULO SEIS

EL BEBÉ SUCIO

VOCABULARIO

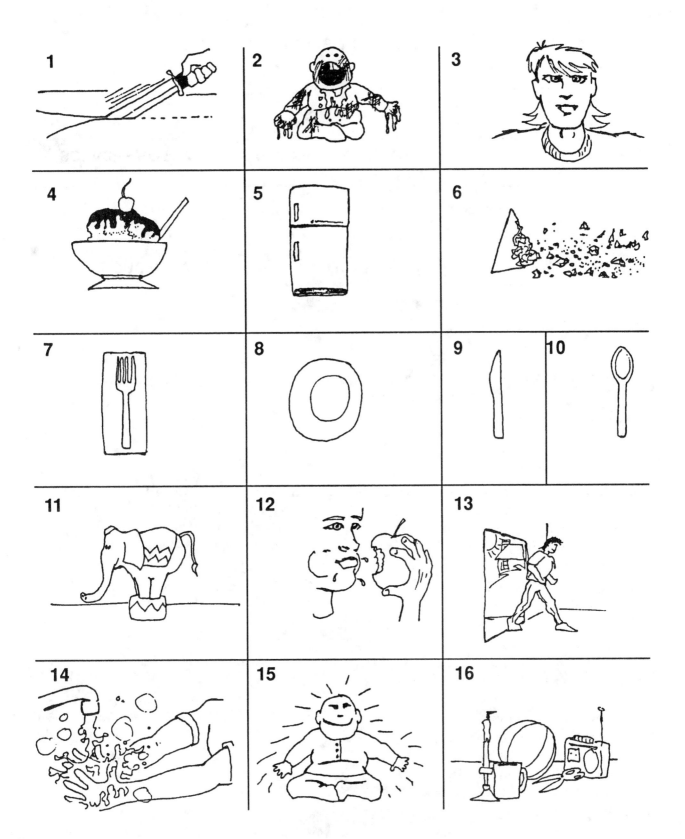

EL BEBÉ SUCIO

VOCABULARIO

1 CORTA

2 EL BEBÉ SUCIO

3 LA CARA

4 EL TAZÓN

5 EL REFRIGERADOR

6. LOS PEDAZOS

7 EL TENEDOR

8 EL PLATO

9. EL CUCHILLO

10 LA CUCHARA

11 ENCIMA DE

12 COME

13 ENTRA

14 LAVA

15. EL BEBÉ LIMPIO

16 LAS COSAS

EL BEBÉ SUCIO

EL BEBÉ SUCIO

Hay un bebé. Un día, él camina hacia el refrigerador y saca helado. También saca leche con chocolate. Anda hacia la mesa. Hay un plátano encima de la mesa. También hay un tazón y un cuchillo.

Él corta el plátano en pedazos y los pone en el tazón. Pone helado encima del plátano. Echa la leche sobre el helado.

Él no tiene ni cuchara ni tenedor. Come con un cuchillo. Cuando come, se embarra la cara con el helado y el plátano y también los brazos y el pecho. Hay helado en su camisa, sus pantalones y sus zapatos. Hay helado y plátano por todas partes. El bebé está muy sucio.

La mamá del bebé entra en el comedor. Lo ve y grita, -¡Qué bebé tan sucio! Ella levanta al bebé y lo lleva al baño. Le quita la ropa. Le lava la cabeza, las mejillas, el pecho, los brazos, y las piernas. Por fin, el bebé está limpio. La madre está contenta porque el bebé está limpio.

EJERCICIO 1
ESCRIBA CIERTO O FALSO A LA IZQUIERDA DEL NÚMERO.

_____ 1. El bebé puede caminar solo.

_____ 2. El bebé camina al refrigerador.

_____ 3. El plátano está en el refrigerador.

_____ 4. El bebé pone el plátano encima del helado.

_____ 5. El bebé echa la leche con chocolate al suelo.

_____ 6. La cuchara y el tenedor están en la mesa.

_____ 7. El bebé come con un cuchillo.

_____ 8. La mamá del bebé entra en el comedor.

_____ 9. Ella grita, -¡Qué bebé tan sucio!

_____10. La mamá limpia al bebé.

EJERCICIO 2
COMPLETE LAS SIGUIENTES ORACIONES CON UNA PALABRA QUE HAGA LA ORACIÓN CIERTA.

1. El bebé anda hacia el _____ .

2. El bebé saca _____ .

3. En la mesa hay _____ .

4. El bebé corta el _____ en pedazos.

5. Él echa la _____ encima de todo.

6. No hay ni cuchara ni _____ en la mesa.

7. Se embarra la cara con el _____ .

8. La mamá _____ cuando entra en el cuarto.

9. La mamá _____ la cabeza del bebé.

10. La madre está feliz cuando el bebé por fin está _____ .

44

EJERCICIO 3

CONTESTE LAS PREGUNTAS CON RESPUESTAS CORTAS. SI LA RESPUESTA NO ESTÁ EN EL CUENTO, INVÉNTELA.

1. ¿Cómo se llama el bebé?

2. ¿Quién saca la leche con chocolate?

3. ¿Dónde encuentra el bebé el helado?

4. ¿Qué ve el bebé encima de la mesa?

5. ¿Por qué se ensucia el bebé?

6. ¿Por qué come el bebé con un cuchillo?

7. ¿Quién entra en el cuarto?

8. ¿Qué hace la mamá cuando ve al bebé?

9. ¿Por qué lava al bebé?

10. ¿Por qué le quita la mamá la ropa al bebé?

EJERCICIO 4

BUSQUE EL ORDEN CORRECTO DE ESTAS ORACIONES.

_____ Un cuchillo, un tazón, y un plátano están en la mesa.
_____ El bebé corta el plátano.
_____ Él camina al refrigerador.
_____ Él saca helado del refrigerador.

_____ La mamá lava al bebé.
_____ El bebé come con un cuchillo.
_____ Él echa leche con chocolate encima del helado.
_____ ¡Qué bebé tan sucio!

EJERCICIO 5

ESCRIBA EL CUENTO EN SUS PROPIAS PALABRAS.

_____

_____

_____

_____

_____

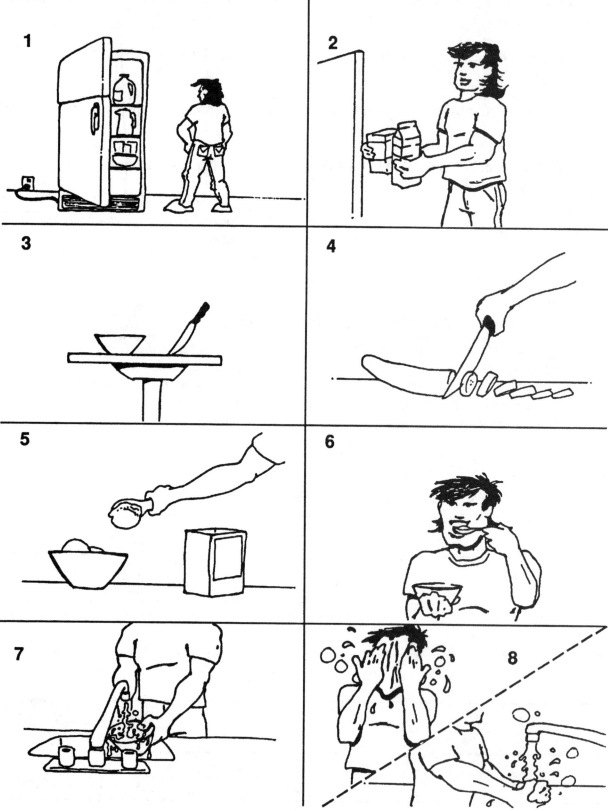

VERSIÓN B

EJERCICIO 8
INVENTE OTRO CUENTO Y ESCRÍBALO.

_____

_____

_____

_____

_____

_____

EJERCICIO 9
REPITAN LOS SIGUIENTES CUENTOS.

1. Yo soy un perro. Estoy comiendo el helado. El helado está por todas partes. El bebé me ve. Yo huyo. La mamá ve al bebé. La madre está enojada con el bebé sucio.

2. El bebé come con una cuchara y no se ensucia. La mamá entra y ve al bebé comiendo. La mamá se enoja con el bebé porque hay un poco de helado en la cara del bebé.

3. La mamá y el bebé están en una tienda. El bebé tira helado al piso. El bebé echa leche con chocolate en el piso. El bebé le echa leche con chocolate a la mamá. El bebé y la mamá van a la casa.

4. Hay dos bebés. Están comiendo helado. Su papá entra en el cuarto y ve a los bebés. El padre grita, -¡Por qué están comiendo los bebés solos? La madre responde, —Siempre comen solos.

5. Estamos en el parque. Estamos comiendo helado. Un gato viene hacia nosotros y come el helado. Estamos muy tristes porque no hay más helado. Nuestra mamá nos compra más.

6. Cuando la mamá ve al bebé, el bebé escapa. La mamá trata de detener al bebe pero el bebé corre demasiado rápido. La mamá llama a la policía y ellos lo llevan a la casa.

7. Tú estás comiendo helado en la playa, y algunas personas se ríen de tí. Un hombre te levanta y te lava en el mar.

8. El bebé está enfrente de la casa. Coge pintura. Él pinta la casa, a su hermana, y la ventana. La mamá castiga al bebé cuando ve al bebé sucio.

9, La mamá y el bebé están en un restaurante. El bebé tira comida en el suelo mientras la madre está en el baño. La mamá regresa y está muy enojada con el bebé.

10. Estoy en México. Estoy sentado en el suelo. Estoy comiendo el pan que está en el piso. Mi madre me ve. Grita; -¡No comas el pan que está en el suelo!

LOS TRES ELEFANTES

VOCABULARIO

1 ROMPE	2 SE ACUESTA	3 PRUEBA
4 EL OSO	5 ROTO	6 LA SELVA
7 ENOJADO	8 ESPERA	9 DORMITORIO
10 EL ELEFANTE	11 LA COCINA	12. EL CACAHUATE
13 LA SOPA	14 SE LEVANTA	

LOS TRES ELEFANTES

LOS TRES ELEFANTES

Los tres elefantes viven en una casa en medio de la selva. La mamá elefante está en la cocina. Está preparando sopa de cacahuate.

El papá elefante y el elefante bebé están en el comedor. Están esperando la sopa. La mamá elefante va al comedor y les da sopa. Ellos prueban la sopa. Está demasiado caliente. Dan un paseo.

Una muchacha llamada Julia anda por medio de la selva. Ve la casa y entra. Va al comedor y prueba la sopa. No le gusta la sopa pero le gustan los cacahuates. Come todos los cacahuates pero la sopa, no.

Ella va a la sala. Se sienta en una silla. La silla se rompe.

Ella va al dormitorio. Se acuesta en la cama. Ella se duerme.

Los tres elefantes regresan a la casa. Entran en el comedor. Prueban la sopa. La sopa no tiene cacahuates. Ellos están muy enojados.

Los elefantes van a la sala. Ven la silla rota. Están enojados.

Los elefantes van al dormitorio. Ven a Julia. Gritan. Julia se levanta y huye.

EJERCICIO 1
ESCRIBA CIERTO O FALSO A LA IZQUIERDA DEL NÚMERO

_____ 1. Los tres elefantes viven en medio del bosque.

_____ 2. Los tres elefantes viven en una casa.

_____ 3. La mamá elefante prepara la sopa en la cocina.

_____ 4. Los tres elefantes dan un paseo.

_____ 5. Julia entra en la casa de los tres elefantes.

_____ 6. Julia come la sopa y los cacahuates.

_____ 7. Julia rompe la silla cuando se sienta en ella.

_____ 8. Julia va al dormitorio.

_____ 9. Julia se duerme en el dormitorio.

_____ 10. Los tres elefantes comen los cacahuates en la sopa.

EJERCICIO 2
COMPLETE LAS SIGUIENTES ORACIONES CON UNA PALABRA QUE HAGA LA ORACIÓN CIERTA.

1. Los _____ elefantes viven en medio de la selva.

2. La mamá elefante prepara la sopa en la _____.

3. Los otros elefantes esperan en el _____.

4. Los elefantes prueban la sopa de _____.

5. Dan un paseo porque la sopa está demasiado _____.

6. Anda en medio de la _____.

7. Julia _____ en la casa.

8. Julia come todos los _____.

9. Julia se duerme en una _____.

10. Los tres elefantes ven la silla y están muy _____.

EJERCICIO 3
CONTESTE LAS PREGUNTAS CON RESPUESTAS CORTAS. SI LA RESPUESTA NO
ESTÁ EN EL CUENTO, INVÉNTELA.

1. ¿Dónde viven los elefantes?

2. ¿Por qué viven en una casa?

3. ¿Por qué prepara la mamá sopa de cacahuates?

4. ¿Por qué no comen la sopa?

5. ¿Qué ropa llevan los elefantes?

6. ¿Por qué está caminando Julia sola?

7. ¿Por qué entra en la casa?

8. ¿Por qué no come ella la sopa?

9. ¿Por qué se rompe la silla?

10. ¿Por qué están enojados los tres elefantes?

EJERCICIO 4
BUSQUE EL ORDEN CORRECTO DE ESTAS ORACIONES.

_____ Los elefantes dan un paseo.
_____ Julia rompe la silla y se duerme.
_____ Los tres elefantes ven la sopa y están enojados.
_____ Hay una casa en medio de la selva.

_____ Los elefantes prueban la sopa.
_____ La muchacha huye.
_____ La mamá elefante prepara la sopa en la cocina.
_____ Julia prueba la sopa.

EJERCICIO 5
ESCRIBA EL CUENTO EN SUS PROPIAS PALABRAS.

_____

_____

_____

_____

_____

VERSIÓN B

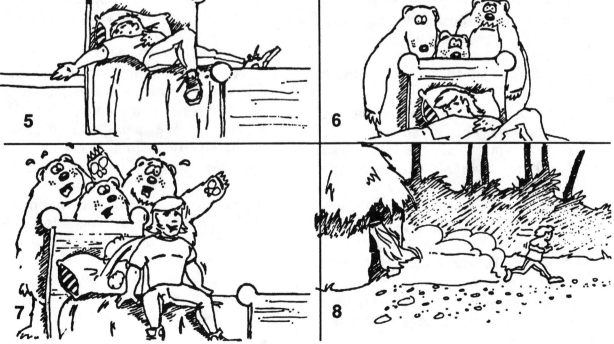

EJERCICIO 8
INVENTE OTRO CUENTO Y ESCRÍBALO.

_____

_____

_____

_____

_____

EJERCICIO 9
REPITAN LOS SIGUIENTES CUENTOS.

1. Nosotros somos tres osos y vivimos en medio del bosque.

2. Los tres elefantes visitan la casa de la muchacha. Comen mucha comida. Se acuestan en la cama de la muchacha y la rompen.

3. Un elefante vive en Rusia. Vive en una casa. Tiene mucho dinero. Una muchacha va a su casa. Ella come la comida del elefante. Se sienta en su silla. Se duerme en su silla. Él vuelve. Está enojado.

4. Un elefante y un oso viven en una casa en medio de la playa. Dan un paseo. Ven a una muchacha. Ven a otro oso. Vuelven a la casa. La puerta está abierta. Entran en la casa y no hay nadie.

5. Soy una muchacha y voy a Italia. Entro en una casa. Veo fotos de personas que viven allí. También hay fotos de elefantes. Tomo las fotos y regreso a casa.

6. La muchacha va a la casa de los elefantes cuando están en casa. Le invitan a comer.

Le muestran la casa. Ellos van a la casa de la muchacha. La mamá de la muchacha le dice que los elefantes no pueden comer con ellos.

7. Una muchacha vive en una casa con tres osos. Tiene su propio dormitorio. La muchacha ayuda a los osos. Ella les prepara la sopa. También limpia la casa. Los osos están contentos porque la muchacha vive con ellos.

8. Una muchacha y un oso toman un avión a Francia. Ellos van a Paris. La muchacha va a un restaurante con el oso. Un hombre le dice que el oso no puede comer en el restaurant. Vuelven a casa.

9. Hay tres casas. Unos elefantes viven en una de las casas. Unos osos viven en otra casa. Una muchacha vive en otra casa. Los osos, los elefantes y la muchacha dan un paseo por la playa. Nadan. Regresan a casa.

10. Yo vivo en una casa. Mi casa está sucia. Julia entra en mi casa y la limpia. Estoy muy contento por que está limpia.

CAPÍTULO OCHO

EL CUENTO DE LA LUNA

VOCABULARIO

EL CUENTO DE LA LUNA

VOCABULARIO

1. EL PAN

2. SE SUBE

3. LA NAVE ESPACIAL

4. LA LENGUA

5. EL MENÚ

6. LA MOSTAZA

7. EL BOLSILLO

8. EL COHETE

9. VUELA

10. LA HAMBURGUESA

11. LA COMIDA

12. LA GENTE

13. DESPEGA

14. ATERRIZA

15. LA LUNA

16. EL RESTAURANTE

17. LA CAMARERA

EL CUENTO DE LA LUNA

EL CUENTO DE LA LUNA

Un hombre vive en la Florida. Quiere ir a la luna. Va al Cabo Cañaveral y se sube a un cohete. Vuela a la luna. Aterriza en la luna. Sale de la nave espacial y mira alrededor. Da un paseo. Después de un rato, ve un restaurante. Entra en el restaurante. Hay mucha gente de la luna en el restaurante. Va a una mesa y se sienta.

Una camarera va a la mesa. Tiene un menú en la mano. Le da el menú. El lo abre y lo lee. No entiende nada del menú. Cierra el menú y le dice que no lo entiende porque está escrito en otra lengua.

La camarera le dice, -¿Qué quieres?

El hombre le dice, —Quiero una hamburguesa.

La camarera le responde, -¿Qué es una hamburguesa?

—Tiene dos rebanadas de pan, carne, tomates, lechuga, catsup, y mostaza. Es comida americana.

La camarera le contesta, —Esto no es América. No tenemos comida americana aquí. Estamos en la luna.

El hombre le dice, -¿Qué tienen?

Ella le dice, —Sólo tenemos comida de la luna.

-¿Me trae comida de la luna?

La camarera sale y vuelve con un plato de comida de la luna. El hombre mira la comida y no lo puede creer. Una parte de la comida se ve horrible pero la otra parte se ve bien. Come la parte que se ve buena pero no come la parte que se ve mala.

Él pone la mano en su bolsillo. Recuerda que está en la luna y no tiene dinero de la luna. Se levanta y sale del restaurante. Va a su cohete. Se sube al cohete y vuelve a la Tierra.

EJERCICIO 1
ESCRIBA CIERTO O FALSO A LA IZQUIERDA DEL NÚMERO.

____ 1. El hombre vive en la Florida.

____ 2. El hombre va a la luna en una nave espacial.

____ 3. El va a un restaurante en la Florida.

____ 4. La camarera vive en la luna.

____ 5. El hombre entiende el menú.

____ 6. El hombre pide una hamburguesa.

____ 7. El hombre come la hamburguesa.

____ 8. El hombre come toda la comida de la luna.

____ 9. Él no tiene dinero de la luna.

____ 10. Él vuelve a la Tierra.

EJERCICIO 2
BUSQUE EL ORDEN CORRECTO DE ESTAS ORACIONES.

____ El hombre recibe comida de la luna.

____ Él anda hacia un restaurante.

____ Él va a la luna en un cohete.

____ Él aterriza en la luna.

____ Él regresa a la Tierra.

____ Él pide una hamburguesa.

____ Él no tiene dinero de la luna.

____ Él mira el menú de la luna.

EJERCICIO 3
COMPLETE LAS SIGUIENTES ORACIONES CON UNA PALABRA QUE HAGA LA ORACIÓN CIERTA.

1. El hombre quiere ir a la
   _____.

2. El hombre vuela a la luna en una nave
   _____.

3. Él aterriza en la luna y da un
   _____.

4. Después de un rato, entra en un
   _____.

5. El hombre mira el menú pero no lo
   _____.

6. Por fin, pide comida de la
   _____.

7. La camarera le trae un plato de
   _____.

8. Una parte de la comida se ve bien pero la otra parte se ve _____.

9. Él sólo come la parte que se ve
   _____.

10. El hombre se sube a su
    _____ y regresa a la Tierra.

EJERCICIO 4
CONTESTE LAS PREGUNTAS CON RESPUESTAS CORTAS. SI LA RESPUESTA NO ESTÁ EN EL CUENTO, INVÉNTELA.

1. ¿Por qué quiere ir a la luna?

2. ¿Qué está buscando en la luna?

3. ¿Por qué entra en el restaurante?

4. ¿Por qué no puede leer el menú?

5. ¿Por qué no sabe la camarera qué es una hamburguesa?

6. ¿Qué clase de comida le trae ella?

7. ¿Por qué le trae comida de la luna?

8. ¿Por qué no come toda la comida de la luna?

9. ¿Por qué no paga?

10. ¿Por qué vuelve a la Tierra?

EJERCICIO 5
ESCRIBA EL CUENTO EN SUS PROPIAS PALABRAS.

_____

_____

_____

_____

_____

EJERCICIO 8
INVENTE OTRO CUENTO Y ESCRÍBALO.

_____

_____

_____

_____

_____

_____

_____

EJERCICIO 9
REPITAN LOS SIGUIENTES CUENTOS.

1. Yo voy a México. Pido un taco. No lo como. No tengo dinero. Salgo del país y regreso a los Estados Unidos.

2. Una persona de la luna va a los Estados Unidos. Entra en un restaurante. Pide comida de la luna. La camarera no entiende. Ella le trae una hamburguesa. La come y sale porque no tiene dinero.

3. El hombre va a Australia en un cohete. Piensa que está en la luna. Se sorprende cuando la gente le habla en inglés.

4. El hombre y su gato van a la luna. Andan por mucho tiempo en la luna. No ven nada. Van a Martes. Hay muchos gatos en Martes.

5. El hombre y yo tomamos un barco a Hawaii. Vamos alrededor de la isla. Vemos una playa hermosa. Compramos una casa pequeña. Vivimos en la casa por muchos años.

6. Un hombre de la luna va a tu casa. Tú le das una hamburguesa. A él no le gusta la hamburguesa. Tú la comes.

7. Voy a la luna y veo muchos árboles, ríos, montañas, y océanos. Nado en los ríos y en los océanos. Subo a una montaña. Busco a la gente. No encuentro a nadie. Vuelvo a la Tierra.

8. Tú vas a la luna y te casas con una camarera allí. Compran una casa de la luna y tienen niños de la luna. Tú nunca vuelves a la Tierra.

9. Uds. van a Sud América. Prueban la comida allí . No les gusta. Es horrible. Van a África. Prueban la comida allí . Les gusta. Compran mucha comida. La traen con Uds. cuando vuelven a los Estados Unidos.

10. Ellos encuentran un perro de la luna y lo llevan a la Tierra. El perro de la luna puede volar aquí. Vuela alrededor del mundo. La gente está sorprendida de ver a un perro que puede volar.

CAPÍTULO NUEVE

LA CITA

VOCABULARIO

LA CITA

VOCABULARIO

1 LLEGA

2 BAILA

3 SECANDO

4 BUSCA

5 DUCHA

6 PRENDE

7 LLEVA

8 PREGUNTA

9 VISTIENDO

10 TOCA A LA PUERTA

11 LISTO

12 EL REFRESCO

13 TROPIEZA

14 LLAMA

15 MANEJA

16 EL MAQUILLAJE

17 SE AFEITA

18 DERRAMA

LA CITA

LA CITA

Carlos llama a Elsa y le pregunta si quiere ir al baile. Elsa le dice que quiere ir. Carlos la va a buscar a las nueve. El baile comienza a las nueve y media.

A eso de las ocho, Carlos se viste para el baile. Se ducha, se afeita, y se lava el pelo. Se pone desodorante y se cepilla los dientes. Se pone ropa interior, pantalones, una camisa, calcetines y zapatos.

El sale de la casa y se sube al carro. Arranca el carro y maneja a la casa de Elsa.

Cuando llega, toca a la puerta. Su mamá abre la puerta y él entra.

Elsa todavía está en el baño. Se está secando y rizando el pelo. También está vistiéndose y maquillándose la cara. Se ve mejor con el maquillaje. Se pone un vestido nuevo.

Elsa está lista. Salen de la casa y van al carro de Carlos. Van al baile. Bailan por dos horas sin parar.

Carlos le consigue un refresco a Elsa. Cuando regresa, tropieza y se cae. Se le cae el refresco en el vestido de Elsa. Ella le grita, -¡Llévame a mi casa!

La lleva a su casa. Cuando llegan, Elsa abre la puerta del automóvil y le grita, -¡Nunca vuelvo a un baile contigo!

EJERCICIO 1
ESCRIBA CIERTO O FALSO A LA IZQUIERDA DEL NÚMERO.

_____ 1. Elsa quiere ir al baile.

_____ 2. El baile comienza a las nueve.

_____ 3. Carlos maneja a la casa de Elsa a eso de las ocho.

_____ 4. Carlos se ducha y se afeita.

_____ 5. Cuando Carlos llega, Elsa todavía está en el baño.

_____ 6. Elsa se viste en la cocina.

_____ 7. Elsa lleva un vestido nuevo.

_____ 8. Elsa le consigue un refresco a Carlos.

_____ 9. Carlos derrama el refresco encima de Elsa.

_____ 10. Elsa quiere ir al baile con Carlos la próxima semana.

EJERCICIO 2
COMPLETE LAS SIGUIENTES ORACIONES CON UNA PALABRA QUE HAGA LA ORACIÓN CIERTA.

1. Carlos invita a Elsa a ir al _____ .

2. El baile _____ a las nueve y media.

3. Carlos se pone desodorante y se _____ los dientes.

4. La mamá de Elsa _____ la puerta.

5. Elsa todavía está en el _____ .

6. Elsa se pone el _____ en el baño.

7. Elsa lleva un vestido _____ .

8. Bailan por dos _____ .

9. Cuando Carlos le trae un refresco, tropieza y lo _____ .

10. Elsa no quiere ir a un _____ con Carlos.

EJERCICIO 3
CONTESTE LAS PREGUNTAS CON RESPUESTAS CORTAS. SI LA RESPUESTA NO
ESTÁ EN EL CUENTO, INVÉNTELA.

1. ¿Por qué llama Carlos a Elsa?

2. ¿Por qué va Carlos al baile?

3. ¿Por qué se cepilla Carlos los dientes?

4. ¿Adónde va para buscar a Elsa?

5. ¿Por qué no está lista Elsa?

6. ¿Por qué abre la puerta la madre de Elsa?

7. ¿Por qué maneja Carlos al baile?

8. ¿Por qué bailan por dos horas?

9. ¿Con qué tropieza Carlos?

10. ¿Por qué no quiere Elsa volver a ir a otro baile con Carlos?

EJERCICIO 4
BUSQUE EL ORDEN CORRECTO DE ESTAS ORACIONES.

_____ Elsa está en el baño.
_____ Carlos llama a Elsa.
_____ Bailan por dos horas.
_____ Carlos maneja a la casa de Elsa.
_____ Elsa está lista para ir al baile.

_____ Carlos lleva a Elsa a casa.
_____ Carlos está en el baño.
_____ Carlos derrama el refresco sobre Elsa.

EJERCICIO 5
ESCRIBA EL CUENTO EN SUS PROPIAS PALABRAS.

_____

_____

_____

_____

_____

_____

EJERCICIO 7

VERSIÓN B

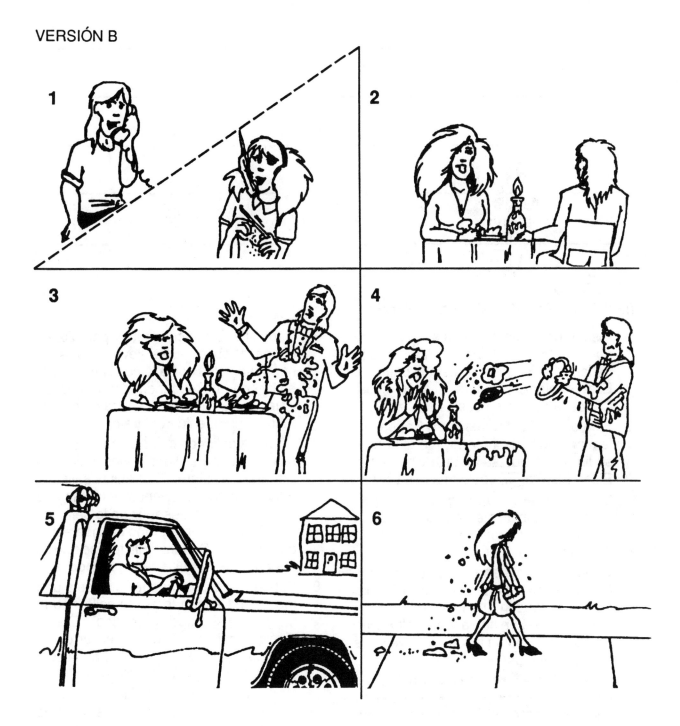

EJERCICIO 8
INVENTE OTRO CUENTO Y ESCRÍBALO.

_____

_____

_____

_____

_____

EJERCICIO 9
REPITAN LOS SIGUIENTES CUENTOS.

1. Elsa le pregunta a Carlos si quiere ir al baile. No van al baile. Van a una película. A Elsa no le gusta la película. Está enojada y quiere ir a su casa. Carlos la lleva a su casa.

2. Elsa derrama el refresco en Carlos. Él le dice que no le importa. Va al baño y se limpia. Regresa al baile y baila con Elsa. Más tarde, vuelven a sus casas.

3. Carlos y Elsa van a Alemania. Toman un avión. Hablan alemán. Se casan en Alemania. Compran una casa en Alemania y se quedan allí.

4. Carlos y Elsa están en México. Carlos habla español pero Elsa no lo habla. Carlos habla con una muchacha. Elsa piensa que están hablando de ella. Ella se enoja y toma un avión y vuelve a los Estados Unidos.

5. Carlos y Elsa salen a comer antes del baile. Todo va bien en el baile. Cuando vuelven a casa, se les acaba la gasolina. Es muy tarde. No hay donde comprar gasolina. Van a pie a la casa.

6. Yo voy al baile con Elsa y veo a otra muchacha. Bailo con ella toda la noche. Elsa se enoja. Toma mi carro y va al centro. Se encuentra con otro muchacho. Ella maneja el carro a la casa de Carlos.

7. Carlos lleva una camiseta y pantalones cortos al baile. Elsa lleva un vestido hermoso. Elsa no baila con Carlos. Ella baila con un muchacho que lleva un traje. Ella vuelve a su casa con el muchacho que lleva el traje.

8. Tú vas a salir con dos muchachas en la misma noche. Tú piensas salir con Sandra a las siete. Tú piensas salir con Elsa a las nueve. Sandra y tú van a la casa de Sandra después de la película. Elsa te llama por teléfono cuando estás en la casa de Sandra. Ella te dice que su mamá no le permite salir esta noche.

9. Son las diez de la noche. Tú ves a una muchacha andando por la calle. Tú le preguntas si quiere ir contigo. Ella te dice que quiere ir y se sube al carro. Tú manejas muy rápido. La muchacha está asustada y se baja y va a pie.

10. Carlos y yo invitamos a Elsa que estudie el francés en nuestra casa. Le decimos que sabemos mucho francés y que ya hemos pasado dos años en Francia. La verdad es que no sabemos nada de francés. Cuando le hablamos en francés, ella se da cuenta inmediatamente de que no hablamos francés. Ella nunca vuelve a nuestra casa.

CAPÍTULO DIEZ

LUPE Y FELIPE

VOCABULARIO

1

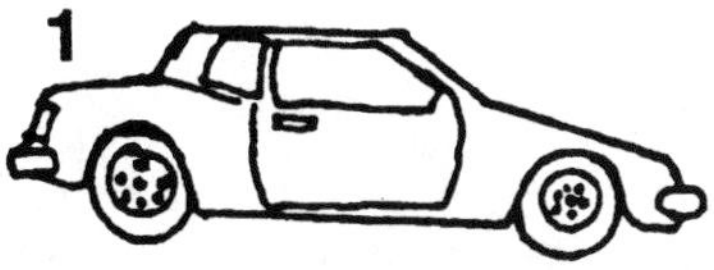

2

3

4

5

6

7

8

9

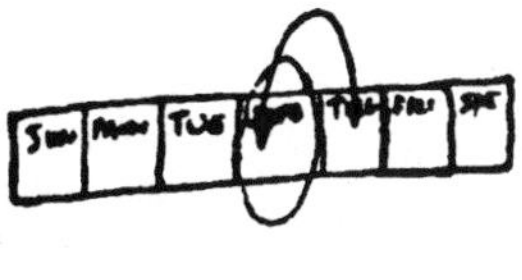

10

LUPE Y FELIPE

VOCABULARIO

1 EL AUTOMÓVIL

2 FLACO

3 PARA

4 LOS AMIGOS

5 NUEVO

6 DESPACIO

7 ALTO

8 BAJO

9 HOY

10 RÁPIDO

LUPE Y FELIPE

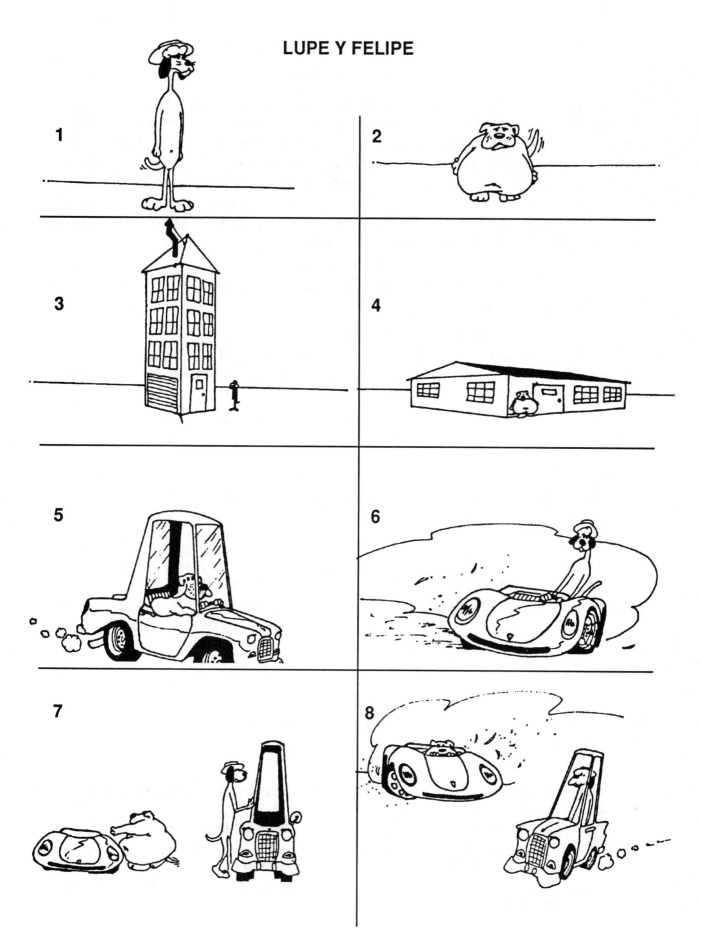

75

LUPE Y FELIPE

Felipe es un perro alto y flaco. Lupe es un perro bajo y gordo. Lupe y Felipe son amigos. Felipe vive en una casa alta y estrecha. Lupe vive en una casa baja y amplia. Felipe es alto y puede caminar rápido. Lupe es bajo y no puede caminar muy rápido.

Un día, los dos compran automóviles. Lupe compra un carro que es alto y delgado. Felipe compra un automóvil que es bajo y gordo. Conducen sus automóviles por la ciudad.

Los dos tienen un problema. Lupe es tan bajo que no puede ver bien en su carro alto y delgado. Felipe es tan alto que no puede manejar bien. Cuándo están manejando, se ven el uno al otro. Felipe le pita a Lupe y Lupe le pita a Felipe. Los dos paran y se acercan.

Felipe le dice, -¿Cuándo compraste ese carro nuevo?

Lupe le responde, —Acabo de comprarlo hoy. Cuándo compraste tu carro nuevo?

Felipe le dice, —Acabo de comprarlo hoy.

—No me gusta el carro. Cambiemos los coches.

Cambian los carros y ahora ninguno de los dos tiene un problema al manejarlos. Felipe conduce un carro alto y delgado y Lupe conduce un carro bajo y gordo. Pueden conducir mucho mejor.

EJERCICIO 1
ESCRIBA CIERTO O FALSO A LA IZQUIERDA DEL NÚMERO.

_____ 1. Felipe es alto y flaco.
_____ 2. Lupe es bajo y gordo.
_____ 3. Felipe camina rápido.
_____ 4. Lupe maneja rápido.
_____ 5. Lupe compra un automóvil nuevo.

_____ 6. Lupe tiene un carro alto.
_____ 7. Felipe compró su carro hoy.
_____ 8. Lupe compró su carro ayer.
_____ 9. Cambian automóviles.
_____10. Los amigos no tienen un problema al manejar.

EJERCICIO 2
COMPLETE LAS SIGUIENTES ORACIONES CON UNA PALABRA QUE HAGA LA ORACIÓN CIERTA.

1. Felipe es un perro _____ .
2. Lupe es un perro _____ .
3. Lupe vive en una casa _____ .
4. Felipe vive en una casa _____ .
5. Tienen un problema cuando _____ .
6. El carro de Felipe es muy _____ .

7. Ellos se pitan cuando se ven en la _____ .
8. Felipe le pregunta a Lupe donde compró su carro _____ .
9. Deciden cambiar los _____ .
10. Lupe ahora maneja un carro bajo y _____ .

EJERCICIO 3
CONTESTE LAS PREGUNTAS CON RESPUESTAS CORTAS.
SI NO ESTÁ EN EL CUENTO, INVÉNTELA.

1. ¿Quién es bajo y gordo?

2. ¿Por qué puede caminar rápido Felipe?

3. ¿Por qué camina Lupe muy despacio?

4. ¿Por qué compra Felipe un carro bajo y gordo?

5. ¿Por qué tiene Lupe un problema cuando maneja?

6. ¿Por qué tiene Felipe un carro?

7. ¿Cuándo compró Lupe su coche nuevo?

8. ¿Por qué cambiaron coches?

9. ¿Por qué se pitaron el uno al otro?

10. ¿Por qué era bueno el cambio para los dos?

EJERCICIO 4
BUSQUE EL ORDEN CORRECTO DE ESTAS ORACIONES.

_____ Ellos cambian sus carros.
_____ Lupe es un perro bajo y gordo.
_____ Lupe vive en una casa baja y gorda.
_____ Felipe es un perro alto y flaco.
_____ Felipe vive en una casa alta y flaca.

_____ Manejan sus carros después de cambiarlos.
_____ Lupe compra un carro alto y delgado.
_____ Felipe compra un automóvil bajo y gordo.

EJERCICIO 5
ESCRIBA EL CUENTO EN SUS PROPIAS PALABRAS.

_____

_____

_____

_____

_____

_____

1

2

5

6

EJERCICIO 8
INVENTE OTRO CUENTO Y ESCRÍBALO.

_____

_____

_____

_____

_____

_____

EJERCICIO 9
REPITAN LOS SIGUIENTES CUENTOS

1. Dos niños van a las montañas. Tienen mucha comida. Lupe tiene un taco. Pablo tiene un burrito. Miran la comida. A Pablo no le gusta el burrito. A Lupe no le gusta el taco. Cambian su comida.

2. Hay dos gatos. Uno vive en Chicago el otro vive en Miami. A uno no le gusta el calor de Miami y al otro no le gusta el frío de Chicago. Cambian casas.

3. Vivo en una casa con un amigo. Mi cuarto es negro y su cuarto es rojo. Pinto mi cuarto rojo y mi amigo pinta su cuarto negro.

4. Tú eres rica y yo soy pobre. Tú tienes un carro nuevo. Yo voy a pie. Vives en una casa grande. Duermo en la calle. Tú y yo nos casamos. Yo estoy muy feliz porque no duermo en la calle.

5. Felipe va a la escuela con una camisa sucia. Lupe se acerca a Felipe y le dice que lleva una camisa sucia. Lupe tiene una camisa extra. Se la da a ella. Ella lleva la camisa el resto del día.

6. Un esposo y una esposa salen a cenar a un restaurante. El esposo pide una hamburguesa y la esposa pide pescado. Ellos prueban la comida. No les gusta.

7. A un perro le gusta tocar el piano. A una perra le gusta tocar la flauta. Tocan los instrumentos musicales todos los días. La perra va a la casa del perro. Él le toca una canción. Le da la música a ella y ella toca la misma canción en la flauta.

8. Felipe habla español y Lupe habla francés. Los dos quieren aprender otro idioma. Lupe comienza a hablar francés con Felipe y Felipe comienza a hablar español con Lupe. Después de dos meses, los dos pasan una semana hablando francés y pasan la próxima semana hablando español.

9. Mi gato y yo siempre vamos a las montañas para esquiar. Esquiamos todos los fines de semana durante el invierno. Un día, decidimos patinar por primera vez. Después no esquiamos más. Patinamos todos los fines de semana durante el invierno.

10. Felipe va a México y pasa un año allí con una familia. Lupe va a Francia y pasa un año allí con una familia. Regresan a los Estados Unidos y hablan de sus experiencias.

CAPÍTULO ONCE

EL MUCHACHO QUE LLEGÓ TARDE

VOCABULARIO

EL MUCHACHO QUE LLEGÓ TARDE

VOCABULARIO

1 VIVO

2 EL CUADRO

3 LA NOVIA

4 LA MAÑANA

5 EL CUARTO

6 TIENE SUEÑO

7 ABURRIDO

8 PISTOLA

9 MATA

10 EL BANCO

11 EL TIEMPO

12.TIENE SUERTE

13 ROBA

14 SENTADO

EL MUCHACHO QUE LLEGÓ TARDE

EL MUCHACHO QUE LLEGÓ TARDE

Son las doce de la noche. Jaime está sentado en su cama. Está aburrido. No tiene sueño. Ve una ventana abierta. Se acerca a la ventana y salta por la ventana. Corre a la casa de su novia. Ella vive dos cuadras de la casa de él.

Él toca a la puerta de ella. Su novia abre la puerta. Le invita a entrar. Miran la televisión por dos horas. Jaime mira su reloj. Son las dos de la mañana. Él le dice, —Es muy tarde. Tengo que ir a mi casa.- Se levanta y corre a su casa. La ventana todavía está abierta. El va hacia la ventana y entra en el cuarto por ella.

Cuando está en el cuarto, mira su cama. Sus padres están sentados en ella. Su padre está mirando el reloj. Él le dice, —Son las dos de la mañana. ¿Por qué llegas a esta hora?

Jaime le dice, —Miré por la ventana. Un hombre estaba robando un banco. Yo salí e intenté capturarlo. Corrí tras él por tres horas. Él paró. Cuando vi que tenía una pistola, volví a la casa lo más pronto posible. Tuve suerte de salir con vida. La madre le dice, — Tú tienes mucha suerte. Me alegro de que no te haya matado.

EJERCICIO 1
ESCRIBA CIERTO O FALSO A LA IZQUIERDA DEL NÚMERO.

_____ 1. Jaime está en su cuarto.

_____ 2. Jaime sale por la puerta.

_____ 3. Él maneja al centro.

_____ 4. Él va a la casa de su novia.

_____ 5. Miran la televisión por tres horas.

_____ 6. Jaime vuelve a casa a las dos de la mañana.

_____ 7. Cuando entra en su cuarto, sus padres están en su cama.

_____ 8. Él les dijo a sus padres que corrió tras un ladrón.

_____ 9. Su madre le dijo que tiene suerte de salir con vida.

_____ 10. Su padre piensa que el muchacho está mintiendo.

EJERCICIO 2
COMPLETE LAS SIGUIENTES ORACIONES CON UNA PALABRA QUE HAGA LA ORACIÓN CIERTA.

1. _____ está sentado en su cama.

2. Jaime corre a la casa de su _____.

3. Él sale por la _____.

4. Ellos miran la _____ por dos horas.

5. Cuando vuelve a casa, la ventana está todavía _____.

6. Los _____ de Jaime están sentados en su cama.

7. Su padre está mirando su _____.

8. Jaime dijo que persiguió a los ladrones por tres _____.

9. Jaime dijo que el ladrón tenía una _____.

10. Su mamá le dijo que Jaime tenía _____.

EJERCICIO 3
CONTESTE LAS PREGUNTAS CON RESPUESTAS CORTAS.
SI NO ESTÁ EN EL CUENTO, INVÉNTELA.

1. ¿Por qué no se duerme Jaime?

2. ¿Por qué no sale por la puerta?

3. ¿Adónde va Jaime cuando sale de la casa?

4. ¿Qué hacen Jaime y su novia?

5. ¿Por qué necesita volver Jaime a casa?

6. ¿Por qué se queda la novia en su casa?

7. ¿Por qué están los padres de Jaime en el cuato de Jaime?

8. ¿Por qué llegó tarde Jaime?

9. ¿Por qué le dice la madre que Jaime tiene suerte de salir con vida?

10. ¿Por qué tenía suerte Jaime?

EJERCICIO 4
BUSQUE EL ORDEN CORRECTO DE ESTAS ORACIONES.

____ Jaime persiguió al ladrón.
____ Miran la televisión por dos horas.
____ Son las doce de la noche y Jaime está sentado en la cama.
____ Él sale por la ventana.
____ Él entra en el cuarto por la ventana.

____ Su madre le dijo a Jaime que tenía suerte.
____ Sus padres están sentados en su cama.
____ Jaime corre a la casa de su novia.

EJERCICIO 5
ESCRIBA EL CUENTO EN SUS PROPIAS PALABRAS.

_____

_____

_____

_____

_____

_____

EJERCICIO 6
REPITA ESTA VERSIÓN.

VERSIÓN A

VERSIÓN B

EJERCICIO 8
INVENTE OTRO CUENTO Y ESCRÍBALO.

_____

_____

_____

_____

_____

_____

EJERCICIO 9
REPITAN LOS SIGUIENTES CUENTOS.

1. Yo voy al parque por la tarde. Veo a un ladrón y vuelvo a casa corriendo. Mi mamá me pregunta por qué estaba corriendo.

2. Vamos a la casa de un amigo. Con él, salimos a comer pizza. Volvemos a casa a las tres de la mañana. Tenemos suerte porque nuestros padres no están en casa.

3. Fui a la tienda a medianoche. Compré comida y refrescos. Fui a la casa de mi novia para mirar la televisión. Cuando estábamos mirando la televisión mis padres me llamaron. Volví a casa.

4. Tú sales de tu casa y vas a las montañas. Vas a un lago y esquías en el agua. Comes el almuerzo en la montañas. Regresas a casa y tus padres te están esperando.

5. Jaime y Juan fueron al parque. Vieron a una muchacha. Fueron a la casa de ella y escucharon la radio. Bailaron por una hora. Eran las once de la noche. Los dos volvieron a casa.

6. Jaime vio a un ladrón y le invitó a ir con él a la casa de su novia. El ladrón fue con Jaime y todos miraron la televisión por dos horas.

7. Jaime vio que sus padres estaban saliendo de la casa por la ventana. Jaime les preguntó adónde iban. Los padres le dijeron que iban al cine. Jaime les dijo que era muy tarde. Los padres se quedaron en casa y no fueron al cine.

8. Cuando Jaime estaba persiguiendo al ladrón, un policía vio a Jaime y pensó que Jaime era el ladrón. Habló con Jaime y vio que él no era el ladrón. Más tarde, lo llevó a su casa y les explicó a sus padres por qué él llegó tarde.

9. Los padres de Jaime oyeron el cuento del ladrón y sabían que estaba mintiendo. Le dijeron que ellos sabían que l estaba en la casa de su novia y no la podía ver por una semana.

10. Jaime les dijo a sus padres que un pájaro entró en su cuarto y escapó con uno de sus discos. Persiguió al pájaro por dos horas. El pájaro por fin soltó el disco y Jaime lo recogió. Sus padres estaban muy contentos porque Jaime no les mintió.

1
Sun

2
Mon

3
Tues

4
Wed

5
Thurs

6
Fri

7
Sat

8

9

10

11

12

13

14

15

16

17

18

MARCOS Y DIANA

VOCABULARIO

1 EL DOMINGO   2 EL LUNES   3 EL MARTES   4 EL MIÉRCOLES   5 EL JUEVES   6 EL VIERNES   7 EL SÁBADO

8 EL AMOR   9 LA OFICINA   10 EL TENIS

11 LAS CARTAS   12 EL GOLF   13 CASADO

14 JUGAR   15 TRABAJAR   16 LA IGLESIA

17 NADAR   18. ENOJADO

MARCOS Y DIANA

MARCOS Y DIANA

Marcos y Diana están casados. Marcos está demasiado ocupado. Diana está muy ocupada. Éste es el horario de ellos:

El domingo	Marcos y Diana van a la iglesia
El lunes	Diana vuela a Nueva York
El martes	Diana vuelve a casa.
El miércoles	Marcos trabaja hasta tarde.
El jueves	Marcos juega a las cartas.
El viernes	Diana nada en la piscina.
El sábado	Marcos juega al golf.

Marcos y Diana están enojados porque pasan tan poco tiempo juntos. Ella le dice, – Ven a casa para estar conmigo más tiempo.

Marcos responde, —Tenemos mucho dinero. ¿Qué más queremos?

—Quiero tiempo para estar juntos.

—Pasaré más tiempo contigo. Los viernes, comeremos juntos en un restaurante bueno. Los domingos, iremos juntos a la iglesia. Los jueves, podemos mirar la televisión juntos. Los sábados jugaremos al tenis juntos. ¿Qué piensas de eso?

Diana va hacia Marcos y lo abraza. Lo besa y le dice, —Gracias, te quiero.

EJERCICIO 1
ESCRIBA CIERTO O FALSO A LA IZQUIERDA DEL NÚMERO.

_____ 1. Marcos y Diana están casados.

_____ 2. Marcos está aburrido.

_____ 3. Diana vuela a Nueva York los martes.

_____ 4. Marcos juega al golf los sábados.

_____ 5. Marcos va a Nueva York.

_____ 6. Marcos le da mucho dinero a su esposa.

_____ 7. Diana sólo quiere tener más dinero.

_____ 8. Diana y Marcos quieren pasar más tiempo juntos.

_____ 9. Marcos va hacia Diana y la abraza.

_____ 10. Diana le dice a su esposo que lo quiere.

EJERCICIO 2
COMPLETE LAS SIGUIENTES ORACIONES CON UNA PALABRA QUE HAGA LA ORACIÓN CIERTA.

1. Diana y Marcos están _____ .

2. Diana va a Nueva York los _____ .

3. Los miércoles, Marcos trabaja muy tarde en la _____ .

4. Los sábados, él _____ al golf.

5. Los jueves, él juega a las _____ con amigos.

6. Diana quiere más de su _____ .

7. Los viernes, van a _____ juntos.

8. Los _____ , van a jugar al tenis.

9. Los jueves, van a _____ la televisión.

10. Diana va a Marcos y lo _____ .

EJERCICIO 3
CONTESTE LAS PREGUNTAS CON RESPUESTAS CORTAS. SI LA RESPUESTA NO ESTÁ EN EL CUENTO, INVÉNTELA.

1. ¿Por qué está ocupado Marcos?

2. ¿Por qué va a Nueva York?

3. ¿Por qué trabaja hasta tarde los miércoles?

4. ¿Por qué pasa tan poco tiempo con Diana?

5. ¿Por qué le da mucho dinero?

6. ¿Adónde va Marcos?

7. ¿Por qué va a pasar Marcos más tiempo con Diana?

8. ¿Qué van a hacer los jueves?

9. ¿Cuándo van a comer en un restaurante bueno?

10. ¿Por qué abraza y besa Diana a Marcos?

EJERCICIO 4
BUSQUE EL ORDEN CORRECTO DE ESTAS ORACIONES.

_____ Marcos trabaja hasta muy tarde.
_____ Marcos va a la iglesia.
_____ Diana y Marcos están casados.
_____ Diana y Marcos se besan y ella le dice, —Te quiero.

_____ Marcos juega al golf.
_____ Diana regresa de Nueva York.
_____ Diana va a Nueva York.
_____ Marcos juega a las cartas.

EJERCICIO 5
ESCRIBA EL CUENTO EN SUS PROPIAS PALABRAS.

_____

_____

_____

_____

_____

VERSIÓN B

EJERCICIO 8
INVENTE OTRO CUENTO Y ESCRÍBALO.

_____

_____

_____

_____

_____

_____

EJERCICIO 9
REPITAN LOS SIGUIENTES CUENTOS.

1. Marcos se queda en casa y Diana está ocupada. Ella trabaja y juega al golf. Nada y juega al tenis. Marcos nunca sale de la casa. Sólo duerme, come, y mira la televisión.

2. Los fines de semana, Marcos juega al golf. Los lunes, vuela a Chicago. Los martes, juega al tenis. Los miércoles, nada. Los jueves, mira la televisión. Los viernes, sale con su esposa.

3. Diana vive en Los Angeles y Marcos vive en Chicago. Ambos vuelan a Nueva York los martes y juegan al golf y al tenis.

4. Marcos no quiere cambiar su vida. Diana se casa con otro hombre. Ella sale todas las noches de la semana y su nuevo esposo se queda en casa.

5. Yo estoy casado con Diana. Le doy dinero. Ella está feliz. Ella sale con sus amigas todos los días. Va de compras cada mañana. Compra mucha ropa para mí.

6. Yo vivo en Francia. Estoy aprendiendo el francés. Mi amigo vive en España. Él está aprendiendo el español. Los dos vivimos en Europa por un año. Después, volvemos a Nueva York. Nos enseñamos los dos idiomas el uno al otro.

7. Marcos y yo trabajamos todos los días de la semana. Pasamos tiempo juntos sólo los fines de semana.

8. Tú vas al Canadá. Consigues un empleo allí. Eres vendedor.

9. Diana no quiere vivir más con Marcos. Ella vuelve a la casa de sus padres y vive con ellos.

10. Diana y yo jugamos al golf los martes y los jueves. Nadamos los lunes y los miércoles. Miramos la televisión los viernes y los sábados.

Introduction
by the Originator of TPR,
Dr. James J. Asher

Dear Colleague,

If you are new to TPR, start with a solid understanding by reading my book, **Learning Another Language Through Actions** (6th edition) and Ramiro Garcia's **Instructor's Notebook: How to apply TPR for best results** (4th edition).

To ensure success, pretest a few lessons before you enter your classroom. Try the lessons out with your children, your friends or your neighbors. In doing this, you

(a) become convinced that TPR actually works,

(b) build self-confidence in the approach, and

(c) smooth out your delivery.

For Students of All Ages, including Adults

Use TPR for new vocabulary and grammar, to help your students immediately understand the target language in chunks rather than word-by-word. This instant success is absolutely thrilling for students. You will hear them say to each other, "Wow! I actually understand what the instructor is saying."

After a "silent period" of about three weeks listening to you and following your directions in the target language (without translation), your students will be ready to talk, read and write. In our books, Ramiro and I will guide you step-by-step along the way.

This catalog is loaded with activities that will keep your students excited day after day as they move towards fluency in the target language

Best wishes for continued success,

James J Asher

The Latest from James J. Asher

Originator of the Total Physical Response, known worldwide as TPR

✓ **Demonstrates** step-by-step **how to apply TPR** to help children and adults acquire another language **without stress.**

✓ More than **150 hours** of **classroom-tested TPR lessons** that **can be adapted to teach any language** including Arabic, Chinese, English, French, German, Hebrew, Spanish, Japanese, and Russian.

Order #201

✓ A behind-the-scenes look at how **TPR** was developed.

✓ **Answers over 100 frequently asked questions** about **TPR.**

✓ **Easy to understand** summary of 25 years of research with Dr. Asher's world famous **Total Physical Response.**

NEW FEATURES

• Frequently Asked Questions - Newly Expanded! • Letters from my mailbag
• e-mail addresses for TPR instructors around the world

Learning Another Language Through Actions

by

James J. Asher

Originator of the

World Famous

Total Physical Response

Over 50,000 Copies in Print!

New! *James J. Asher's*
Prize-Winning TPR Research

Order #7-CD

For the first time collected in one place on a CD, the complete prize-winning body of research by James J. Asher. Booklet available with the CD gives Asher's comments on each study with recommendations for future research. Saves you weeks of searching the internet or library.

•Shows step-by-step how Asher planned and successfully completed each research study.
•Includes all of Asher's pioneer studies in second language learning.

Bonus: Also includes Asher's research in industrial psychology—problem solving, creativity, hiring, training, aptitude testing, and designing the world's first automated postal distribution center.

New! *James J. Asher's*
Brainstorming Kit

Transforms <u>ordinary</u> <u>committee</u> <u>meetings</u> into high-powered problem solving sessions!

Order #8

• Booklet and Transparencies with step-by-step directions to guide your brainstorming group.

• Helps your group understand what to do and why they are doing it.

• Discover options you never thought possible—and it's a lot of fun, too!

More exciting books by James J. Asher

Brainswitching:
Learning on the Right Side of the Brain

| 2nd Ed. - 308 Pages | *For __Fast__, __Stress-Free__ __Access__ to* | Order #202 |

For __Fast__, __Stress-Free__ __Access__ to
Languages, Mathematics, Science, and much, much more!

The Super School:
Teaching on the Right Side of the Brain

To help most students __learn__ __anything__ __fast__
in academics, sports, or technology! Order #204
Your students won't want to miss a single class!

New! The Weird and Wonderful World of
Mathematical Mysteries
Conversations with famous scientists and mathematicians.
by James J. Asher Order #91a

Exclusive - New discovery __published__ __here__ __for__ __the__ __first__ __time__ solves a 2,000 year old mystery that baffled such famous people as Pythagoras, Euclid, Sir Isaac Newton, and Einstein.

• With TPR, I demonstrate how to remove the fear of learning foreign languages. With this new book, I show you how to __remove__ __the__ __fear__ __of__ __mathematics__.

• My conversations with famous scientists and mathematicians reveals their secret strategy for making spectacular breakthroughs by __playing__ __with__ __ideas__ __on__ __the__ __right__ __side__ __of__ __the__ __brain__.

• I demonstrate how anyone who can do simple arithmetic __has__ __a__ __shot__ __at__ __world__ __fame__ by finding hidden patterns in nature!

A Simplified Guide to Statistics for Non-Mathematicians:
How to organize a successful research project.
by James J. Asher Order #265

New!
• How to evaluate the effectiveness of your instructional program to get the support you deserve from your organization.

• Here is my promise: If you can do simple arithmetic, you will understand *every concept* in this easy-to-read book!

• Learn the ABC's of any first-class research program.

Added Bonus: Tips for organizing a successful master's thesis or doctoral dissertation!

Dear Colleague:

Language instructors often say to me, "I tried the TPR lessons in your book and my students responded with great enthusiasm, but what can the students do **at their seats**?"

Here are effective TPR activities that students can perform **at their seats**. Each student has a kit such as the interior of a kitchen. Then you say in the target language, "Put the man in front of the sink." With your kit displayed so that it is clearly visible to the students, you place the man in the kitchen of your kit and your students follow by performing the same action in their kits.

As items are internalized, you can gradually discontinue the modeling. Eventually, you will utter a direction and the students will quickly respond without being shown what to do.

Each figure in the **TPR Student Kits** will stick to any location on the playboard **without glue**. Just press and the figure is on. It can be peeled off instantly and placed in a different location over and over.

You can create fresh sentences that give students practice in understanding hundreds of useful vocabulary items and grammatical structures. Also, students quickly acquire "function" words such as **up, down, on, off, under, over, next to, in front of,** and **behind.**

To guide you step-by-step I have written ten complete lessons for each kit (giving you about 200 commands for each kit design), and those lessons are now available in your choice

of **English, Spanish, French,** or **German**. The kits can be used with **children or adults** who are learning **any language** including **ESL** and the **sign language of the deaf.**

About the TPR Teacher Kits

Use the **transparencies** with an overhead projector to flash a playboard on a large screen. Your students **listen** to you utter a direction in the target language, **watch** you perform the action on the large screen, and then follow by performing the same action in their **Student Kits.**

Best wishes for continued success,

James J. Asher

P.S. My sister and I recently tried one of the Student Kits with a native speaker of Arabic giving directions. We were both surprised at how much vocabulary and grammar we picked up in only a few minutes of play.

Back By Popular Demand!

Buy 5 Kits (Student or Teacher) in <u>any</u> <u>assortment</u>
and select an additional kit as our **Free Gift** to you!

James J. Asher's TPR STUDENT KITS™
More than 300,000 Kits now being used in FL-ESL classes throughout the world!!

	ENGLISH Order Number	SPANISH Order Number	FRENCH Order Number	GERMAN Order Number	DUTCH Order Number
Airport ©	4E	4S	4F	4G	4D
Beach ©	12E	12S	12F	12G	12D
Classroom ©	10E	10S	10F	10G	10D
Garden ©	17E	17S	17F	17G	17D
Department Store ©	13E	13S	13F	13G	13D
Farm ©	60E	60S	60F	60G	60D
Gas Station ©	5E	5S	5F	5G	5D
Home ©	1E	1S	1F	1G	1D
Hospital ©	21E	21S	21F	21G	21D
Kitchen ©	2E	2S	2F	2G	2D
Main Street ©	15E	15S	15F	15G	15D
New ➤➤ Office ©	6E	6S	6F	6G	n/a

(Includes high tech business machines: computers, cell phones, fax, and satellite communications!)

	ENGLISH	SPANISH	FRENCH	GERMAN	DUTCH
Picnic ©	16E	16S	16F	16G	16D
Playground ©	20E	20S	20F	20G	20D
Restaurant ©	40E	40S	40F	40G	40D
Supermarket ©	11E	11S	11F	11G	11D
Town ©	3E	3S	3F	3G	3D
United States Map ©	22E	22S	22F	n/a	22D
New ➤➤ European Map ©	23E	23S	23F	23G	23D

(Recently updated to include the Middle East!)

| 4-KITS-IN-ONE: © | 50E | 50S | 50F | 50G | 50D |

Calendar © (limited supply) 31   (In English)

TPR Student Kit Stories ©Uses vocabulary from the **Student Kits**.   **Order Number 33**

James J. Asher's TPR TEACHER KITS™
Transparencies for an <u>Overhead</u> <u>Projector</u>

	ENGLISH Order Number	SPANISH Order Number	FRENCH Order Number	GERMAN Order Number	DUTCH Order Number
Airport ©	4ET	4ST	4FT	4GT	4DT
Beach ©	12ET	12ST	12FT	12GT	12DT
Classroom ©	10ET	10ST	10FT	10GT	10DT
Garden ©	17ET	17ST	17FT	17GT	17DT
Dept. Store ©	13ET	13ST	13FT	13GT	13DT
Farm ©	60ET	60ST	60FT	60GT	60DT
Home ©	1ET	1ST	1FT	1GT	1DT
Hospital ©	21ET	21ST	21FT	21GT	21DT
Kitchen ©	2ET	2ST	2FT	2GT	2DT
Main Street ©	15ET	15ST	15FT	15GT	15DT
New ➤➤ Office ©	6ET	6ST	6FT	6GT	n/a
Picnic ©	16ET	16ST	16FT	16GT	16DT
Playground ©	20ET	20ST	20FT	20GT	20DT
Supermarket ©	11ET	11ST	11FT	11GT	11DT
Town ©	3ET	3ST	3FT	3GT	3DT
U.S. Map ©	22ET	22ST	22FT	22GT	22DT
New ➤➤ European Map ©	23ET	23ST	23FT	23GT	23DT

Best Demonstrations of Classic TPR
Anywhere in the World!

James J. Asher's Classic Videos demonstrate the original research...

Historic videos show the original TPR research by Dr. James J. Asher with children and adults learning Japanese, Spanish, French and German. These vintage demonstrations are time-tested, and even more valid today than when the film was shot decades ago. We include with every video a copy of the scientific publications documenting the amazing results you will see. A must for anyone teaching TPR. Each video is unique, and shows different stress-free features of TPR instruction — *no matter what language you are teaching,* including English as a Second Language. (*Narrated in English. Remastered from the original 16mm films.*)

Children Learning Another Language: *An Innovative Approach*©

Color, 26 minutes, shows the excitement of children from K through 6th grades as they acquire **Spanish** and **French** with **TPR**. (ESL students will enjoy this too!)

If you are searching for ways that motivate children to learn another language, don't miss this classic video demonstration. The ideas you will see can be applied in your classroom for any grade level and for any language, including English as a second language.

Order Number **435-DVD**

A Motivational Strategy for Language Learning©

Color, 25 minutes, demonstrates step-by-step how to apply **TPR** for best results with students between the ages of 17 and 60 acquiring **Spanish**. Easy to see how **TPR** can be used to teach any target language.

See the excitement on the faces of students as they understand everything the instructor is saying in Spanish. After several weeks in which the students are silent, but responding rapidly to commands in Spanish, students spontaneously begin to talk. You will see the amazing transition from understanding to speaking, reading, and writing!

Order Number **406-DVD**

Strategy for Second Language Learning©

Color, 19 minutes, shows students from 17 to 60 acquiring **German** with **TPR**. Applies to any language!

Even when the class meets only two nights a week and no homework is required, the retention of spoken German is remarkable. You will be impressed by the graceful transition from understanding to speaking, reading, and writing!

Order Number **407-DVD**

Demonstration of a New Strategy in Language Learning©

B&W, 15 minutes, shows American children acquiring **Japanese** with **TPR**. Applies to any language! You will see the first demonstration of the **Total Physical Response** ever recorded on film when American children rapidly internalize a complex sample of Japanese. You will also see the astonishing retention one year later! Narrated by the Originator of TPR, Dr. James J. Asher.

Order Number **408-DVD**)

Captured for the first time on DVD!

The Northeastern Conference of FL/ESL instructors
Invited presentation by
Dr. James J. Asher

Narrated in English

Exciting TPR demonstration in Arabic and Spanish followed by a lively Q and A session.

- How to stretch single words into hundreds of interesting sentences in any language.
- Your students will understand sentences, they have never heard before in the target language. This is the secret of fluency.
- Why it is <u>not</u> wise to tell your students, *"Listen and repeat after me!"*
- How to deal with adjectives.
- How to make the transition from understanding to speaking, reading and writing.
- How to deal with grammar.
- How to deal with abstractions.
- How to graduate your students with three or more languages.
- How to put your school on the map. Get ready for the Greyhound bus stopping at your school with teachers from around the world who want to take a look at your program.

Order Number: 104-DVD

Order from the catalog or directly from our website at: **www.tpr-world.com**

Recorded in 1992, re-mastered to digital and DVD in 2007.

TPR IS MORE THAN COMMANDS —*AT ALL LEVELS*

CONTEE SEELY & ELIZABETH ROMIJN   Order #95

Winner of the EXCELLENCE IN TEACHING AWARD from the California Council for Adult Education

Explodes myths about the Total Physical Response:

Myth 1: TPR is limited to commands.
Myth 2: TPR is only useful at the beginning.

Demonstrates how you can use James Asher's approach—

✔ to *overcome problems* typically encountered when using TPR,

✔ to teach *tenses* and *verb forms* in *any language* in 6 ways,

✔ to teach *grammar, idioms*, and *fluent discourse* in a natural way,

✔ to help your students *tell stories* that move them into fluent speaking, reading, and writing.

Shows you how to go from zero to correct spoken fluency with TPR. Very practical, with many examples.

For over 25 years, Ramiro Garcia has successfully applied the Total Physical Response in his high school and adult language classes.

This Triple-expanded Fourth Edition (over 300 pages) includes:

✓ Speaking, Reading, and Writing

✓ How to Create Your Own TPR Lessons.

<u>And</u> more than 200 TPR scenarios for beginning and advanced students.

✓ TPR Games for all age groups.

✓ TPR Testing for all skills including oral proficiency.

Instructor's Notebook:
How to Apply TPR
For Best Results
By
RAMIRO GARCIA
Recipient of the
OUTSTANDING TEACHER AWARD

In this illustrated book, Ramiro shares the tips and tricks that he has discovered in using TPR with hundreds of students. No matter what language you teach, including ESL and the sign language of the deaf, you will enjoy this insightful and humorous book.

Order #225

New! Just off the press! **THE SEQUEL!!!**

Instructor's
Notebook:
TPR Homework
Exercises
by
RAMIRO GARCIA
Recipient of the
MOST MEMORABLE TEACHER AWARD
and the
OUTSTANDING TEACHER AWARD
Edited by
James J. Asher

Ramiro's brand-new companion book to the Instructor's Notebook!

✓ Hundreds of TPR exercises your students can enjoy at home

✓ Catch-up exercises for students who have missed one or more classes.

✓ Review of the classroom TPR experience at home

✓ Helps other members of the student's family to acquire another language.

✓ Helps the teacher acquire the language of the students with exciting self-instructional exercises!

Order #224

The Graphics Book©

For Students of <u>All</u> Ages acquiring English, Spanish, French, or German

by RAMIRO GARCIA

Dear Colleague;

You recall that I introduced graphics in the **Instructor's Notebook.** Hundreds of teachers discovered that **students of all ages** thoroughly enjoyed working with the material.

Your students understand a huge chunk of the target language because you used TPR. Now, with my new graphics book, you can follow up with **300 drawings** on tear-out strips that help your students zoom ahead with **more vocabulary, grammar, talking, reading** and **writing** in the target language.

You will receive **step-by-step guidance** in how to apply the graphics effectively with **children and adults** acquiring <u>any</u> language including **ESL.**

As an **extra bonus**, I provide you with **60 multiple-choice graphic tests for beginning and intermediate students.** Order in your choice of <u>**English (#228)**</u>, <u>**Spanish (#229)**</u>, <u>**French (#236)**</u>, or <u>**German (#237)**</u>.

TPR BINGO© by Ramiro Garcia

In 25 years of applying the **Total Physical Response** in my high school and adult Spanish classes, **TPR Bingo** is the one game that students ask to play over and over!

When playing the game, students hear the instructor utter directions in the target language. As they advance in understanding, individual students ask to play the role of caller, which gives them valuable practice in **reading and speaking.** For an extra bonus, students **internalize numbers** in the target language from 1 through 100.

TPR Bingo comes with complete step-by-step directions for playing the game and rules for winning. There are 40 playboards (one side for beginners and the reverse side for advanced students). A master caller's board is included, with 100 pictures, chips, and caller-cards in your choice of <u>**English (#226E)**</u>, <u>**Spanish (#226S)**</u>, <u>**French (#226F)**</u>, or <u>**German (#226G)**</u>. As I tell my colleagues, 'Try this game with your students. You will love it—they will love it!"

Best wishes for continued success,

Romiro Garcia

Ramiro Garcia

Brand-new feature! *Now included in every order of TPR Bingo...*

Play TPR Bingo with your students to move them from the imperative to the declarative (and interrogative). It's easy, it's fun, and you will love it!

How to TPR Vocabulary!

TPR for Students of All Ages!

For 30 years, "Listen & Perform" worked for children of all ages learning English in the Amazon - and it will work for your students too!

Order this popular Student Book in your choice of **ENGLISH**, **SPANISH** or **FRENCH**!

Your students will enjoy more than 150 exciting pages of stimulating right brain **Total Physical Response** exercises such as:

drawing • pointing • touching • matching • moving people, places, and things

With the **Student Book** and companion **Cassette**, each of your students can perform <u>alone at their desks</u> or <u>at home</u> to advance from comprehension to sophisticated skills of speaking, reading, and writing! These books by **Stephen M. Silvers** are chock-full of fun and productive TPR activities for older students too!

TPR for Young Children!

- Marvelously **simple format:** Glance at a page and instantly move your students in a logical series of actions.
- **Initial screening test** tells you each student's skill.
- After each lesson, there is a **competency test** for individual students.
- Recommended for beginning students in **preschool**, **kindergarden**, and **elementary**.

Order in **English (#240), Spanish (#241),**
or **French (#242).**

TOTAL PHYSICAL RESPONSE
IN
THE FIRST YEAR
By
Dr. FRANCISCO L. CABELLO
with William Denevan

Dear Colleague:

I want to share with you the **TPR Lessons** that my high school and college students have **thoroughly enjoyed** and **retained** for weeks—even months later. My book has...

- A step-by-step script with props to conduct each class.
- A command format that students thoroughly enjoy. (Students show their understanding of the spoken language by successfully carrying out the commands given to them by the instructor. **Production** is delayed until students are ready.)
- Grammar taught implicitly through the imperative.
- Tests to evaluate student achievement.
- Now in **English, Spanish,** or **French.**

Sincerely,

Francisco Cabello, Ph.D.

Hot off the press in your choice of English (#221), Spanish (#220), or French (#222)!

TPR Storytelling

especially for students in elementary and middle school
by

Todd McKay

It works for high school, too!

✔ Pre-tested in the classroom for 8 years to guarantee success for your students.

✔ Easy to follow, step-by-step guidance each day for three school years - one year at a time.

✔ Todd shows you how to switch from activity to activity to keep the novelty alive for your students day after day.

✔ Evidence shows the approach works: Students in storytelling class outperformed students in the traditional ALM class.

✔ Each story comes illustrated with snazzy cartoons that appeal to students of all ages.

✔ There is continuity to the story line because the stories revolve around one family.

✔ Complete with tests to assess comprehension, speaking, reading and writing.

✔ Yes, cultural topics are included.

✔ Yes, stories include most of the content you will find in traditional textbooks including vocabulary and grammar.

✔ Yes, included is a brief refresher of classic TPR, by the originator— Dr. James J. Asher.

✔ Yes, games are included.

✔ Yes, your students will have the long-term retention you expect from TPR instructions.

✔ Yes, Todd includes his e-mail address to answer your questions if you get stuck along the way.

✔ Yes, you can order a video demonstration showing you step-by-step how to apply every feature in the Teacher's Guidebook.

Order Number	Title
400	Student Book - Year 1 **English**
401	Student Book - Year 2 **English**
402	Student Book - Year 3 **English**
410	Student Book - Year 1 **Spanish**
411	Student Book - Year 2 **Spanish**
412	Student Book - Year 3 **Spanish**
420	Student Book - Year 1 **French**
421	Student Book - Year 2 **French**
422	Student Book - Year 3 **French**
430	Complete Testing Packet for **English** Listening, Reading, Speaking, and Writing
431	Complete Testing Packet for **Spanish** Listening, Reading, Speaking, and Writing
432	Complete Testing Packet for **French** Listening, Reading, Speaking, and Writing
440	Teacher's Guidebook for **English**
441	Teacher's Guidebook for **Spanish**
442	Teacher's Guidebook for **French**
450	Transparencies for All Languages - Year 1
451	Transparencies for All Languages - Year 2
452	Transparencies for All Languages - Year 3
460	TPR Storytelling Video - *Demonstrates each step in the Teacher's Guidebook.*

Exciting new products from Todd McKay!

TPR Index Cards

(Easy-to-handle 4x5 cards)

1. Index cards tell you exactly what to say, lesson by lesson.
2. 60 Cards with vocabulary from First Year textbooks.
3. When your students internalize this vocabulary, they're ready for a smooth transition to stories.
4. No need to fumble through a book.
5. No need to make up your own lessons.
6. Quick! Easy to use! Classroom-tested for success!
7. Works for students of all ages, including adults!

470	TPR Index Cards for **English**
471	TPR Index Cards for **Spanish**
472	TPR Index Cards for **French**
473	TPR Index Cards for **German**